経営戦略集中講義

今野喜文・真木圭亮
編著

横尾陽道・角田光弘・佐々木博之・黄雅雯・橋本倫明・
伊藤泰生・永野寛子・和田剛明・平野貴士・松野奈都子
著

中央経済社

はしがき

　まずは本書を手にとってくださったみなさん，本当にありがとうございます。
『経営戦略集中講義』とは，テキストにしてはちょっと柔らかいタイトルだな
と思われた方もいらっしゃるかもしれません。でも，このタイトルゆえに，
取っ付きやすそうだなと思って本書を手にとってくださった方もおられるので
はないでしょうか？　少々気取っていえば，そもそも本書は，巷にあふれてい
る難解な経営戦略のテキストとは一線を画しています。それは本書のターゲッ
トとして，次のような方々を想定しているためです。

- 「講義でテキストとして指定されているから，とりあえず大学生協で購入し
  た」という単位取得を目指す大学生。
- 「経営企画部に配属になったので，まずは経営戦略の入門的な内容を学んで
  みよう！」というやる気に満ちあふれたビジネスパーソン。
- 「たまたま立ち寄った書店で，本書のタイトルに興味を持った」という優れ
  たセンスの持ち主。

　本書のターゲットは，まさに経営戦略をこれから学ぼうとする初学者の方々
です。しかも，「読みやすくてわかりやすい」，「独学で経営戦略の基礎を学ぶ
ことができる」を基本コンセプトにしています。さらに，仕事やバイトでお忙
しくされているみなさんのコスパとタイパにも配慮して，経営戦略の基本を効
率よく，そして集中的に学べること。これが本書の内容を構想するにあたり，
もう一人の編著者である真木先生と私が取り決めたことです。

　本書は，北は北海道から南は九州までの大学に所属する12人の研究者が執筆
しています。（少なくとも私以外の）執筆者のほとんどが将来有望な若手研究
者です。執筆依頼の際，すべての先生方に「なるべく平易に書いてください」
とだけお願いしました。もちろん，本書の執筆にご協力いただいた先生方は，
このミッションを難なくクリアしてくれました。

　このようなお願いをしたのも，いくら優秀な若手研究者であっても，いわゆ
る大学の研究者の著作は初学者にとって読みにくいものが多く，最後まで読み

終えるには相当な忍耐力を必要とするためです。本書のターゲットである初学者の方々が経営戦略の学びを途中であきらめないようにするためには，「読みやすさ」を最優先にすることが大切です。極めてシンプルで当たり前のことですが，とても重要なことだと思います。

　とはいえ，たとえ表面的に読みやすいものであっても，「読み終えた後に何も残らない」，「たいした内容を学べなかった」ということでは意味がありませんし，何より執筆者としては読者のみなさんからのこのようなコメントが一番ショックなのです。その点では，本書の構想を練る際に「読みやすさ」以外にも，「易しすぎず難しすぎず」といった微妙な塩梅^{あんばい}についても見極めなければなりませんでした。

　①基本的な理論やフレームワークをもれなく扱うこと。②簡単な企業事例を取り入れること。③昨今，注目されているトピック（ダイナミック・ケイパビリティ，両利きの組織，ビジネス・エコシステム，共通価値など）も扱い，その上で，初学者が独学であっても効率よく，そして集中的に学べること。

　これらのことを意識しながら本書の編集を進める中で，真木先生とは数えきれないくらい議論しましたし，執筆者の先生方から原稿を提出していただいてからも何度もやり取りをしてきました。この苦労の甲斐があったかどうかの評価はどうでしょうか？　この評価については，本書を手にとっていただいたみなさんに委ねたいと思います。「読みやすくてわかりやすかった」，「経営戦略論についてもっと深く学びたくなった」という感想を持っていただければ，執筆者としてこれに優る喜びはありません。

　最後に，厳しい出版事情の中で，本書の出版をお引き受けいただいた中央経済社代表取締役社長の山本継様と，今回のテキストの企画を御提案いただき，本書の完成まで見守ってくれた編集長の納見伸之様に心よりお礼申し上げます。ありがとうございました。

　それでは，さっそく経営戦略論の集中講義を始めることにしましょう。

2024年 立春　執筆者を代表して　今野 喜文

目　　次

はしがき　*i*

第**1**章　企業と経営 ——————————————————— *1*

1　「経営」と「経営戦略」　*1*
2　企業とはどのような存在か？　*2*
3　経営とはどのような行為か？　*4*
4　「個別企業」の目的　*8*
コラム　企業にとってのお金　*11*

第**2**章　経営戦略の概観 ——————————————— *13*

1　経営戦略の定義　*13*
2　経営戦略の構成要素　*18*
3　経営戦略の構造　*20*
4　経営戦略と事業ドメイン　*22*
コラム　企業組織の成長と経営戦略のレベル　*26*

第**3**章　業界構造分析と基本戦略 ————————— *29*

1　業界構造分析とSCPパラダイム　*29*
2　ファイブ・フォース分析　*30*
3　3つの基本戦略　*37*
4　価値連鎖分析と活動システム・マップ　*40*

コラム 競争地位別戦略 *43*

第4章 経営資源と競争優位 ——————————————— *47*

1 ファイブ・フォース分析の限界 *47*
2 経営資源とはなにか？ *48*
3 経営資源と競争優位 *51*
4 VRIOフレームワークと持続的競争優位 *53*
コラム ポジショニングと経営資源はどちらが重要か？ *56*

第5章 組織能力と競争優位 ——————————————— *59*

1 競争優位の源泉としての組織能力 *59*
2 コア・コンピタンス経営 *60*
3 ダイナミック・ケイパビリティ *63*
コラム SECIモデル *67*

第6章 競争環境と競争優位 ——————————————— *71*

1 3つの競争タイプ *71*
2 不確実性下の戦略策定 *74*
3 ハイパーコンペティション *78*
4 持続的競争優位と一時的競争優位 *80*
コラム 競争環境と戦略アプローチ *83*

第7章 企業の境界 ——————————— 87

1 サプライチェーン　88
2 内部化と外部化　89
3 中間組織　93
4 垂直統合型モデルと水平分業型モデル　96
コラム　取引コスト経済学とはなにか？　97

第8章 多角化戦略 ——————————— 101

1 企業の成長戦略と多角化　111
2 多角化の類型　103
3 多角化のための組織構造　106
4 多角化のマネジメント　107
コラム　経験曲線と規模の経済の違い　115

第9章 M&A ——————————— 117

1 M&Aの概要　117
2 M&Aの動機と手法　120
3 敵対的M&Aと買収防衛策　124
4 M&Aの問題　126
コラム　アメリカのM&A小史　131

第10章　戦略的提携 ──────────── 133

1　戦略的提携とはなにか？　133
2　戦略的提携の動機　135
3　戦略的提携のプロセス　137
4　戦略的提携と組織能力　140
コラム　リソース・ベースト・ビューと外部志向性　144

第11章　イノベーションの基礎的理解 ──────────── 149

1　イノベーションとはなにか？　149
2　イノベーションの分類　152
3　イノベーションのジレンマ　157
コラム　イノベーションを生み出す組織　160

第12章　イノベーション戦略 ──────────── 163

1　ブルー・オーシャン戦略　164
2　オープン戦略　169
3　両利きの組織　174
コラム　ほどよい自由とイノベーション　178

第13章　ビジネス・エコシステム ──────────── 181

1　ビジネス・エコシステムの基礎的理解　181
2　ビジネス・エコシステムの学術的理解　184

3 ビジネス・エコシステムのマネジメント　189

コラム　経営戦略とメタファー　191

第14章　共通価値の創造 ─────────── 193

1 持続可能性が求められる社会へ　193
2 企業と社会との関係　196
3 共通価値の創造　200

コラム　株主価値とCSR　204

索　引　207

第1章

企業と経営

　本章では，経営戦略の具体的な内容について学ぶ以前に知っておくべきこと，つまり経営戦略を策定する企業とはどのような存在なのか，経営とはどのような行為なのか，そしてなぜ企業は経営戦略を策定するのかについて学んでいきます。これらのことについて学ぶことで，経営戦略が「お金儲けのためのテクニック」以上のものであることが理解できます。

1　「経営」と「経営戦略」

　ご存知のとおり，本書は**経営戦略**に関するテキストです。きっと本書を読んでいる読者のみなさんは，「経営戦略についてもっと知りたい！」という前のめりな想いで本書を購入してくださったことでしょう（そうだと嬉しいです）。

　そんな経営戦略に関心があるみなさんですが，本章のタイトルを見て肩透かしを食らったと感じているかもしれません。「手っ取り早く経営戦略のエッセンスを教えろ！」と思っていることでしょう。経営戦略に関する他のテキストに目を通すと，だいたいのものの第1章は「経営戦略とはなにか？」といった内容です。それが王道です。

　ところが本書の第1章は，このとおり「企業と経営」です。このような構成を採用しているのは，世の中にあふれる数多くの経営戦略のテキストの中から選び取ってもらうために奇をてらったとか，そういうことではありません。これにはちゃんとした理由があります。本章の結論を先取りすると，企業の具体的な経営戦略のあり方は，企業という存在のあり方，そしてそれを前提とした

1

経営という行為のあり方に制約を受けます。このことを理解しないと，具体的かつ効果的な経営戦略の策定と実行はできません。本章では，このことについて丁寧に紐解いていきます。

　なぜわざわざこのようなことを書いたのか？　経営戦略論を含む領域である経営学に馴染みのない読者を，本書は想定しています。経営学を体系的に学ぶと，「経営学入門」や「企業論」などの講義の中で「経営とはなにか？」とか「企業とはなにか？」について学びます。それらを踏まえた上で経営戦略を学ぶのが，経営学の体系的な学び方です。

　しかし，前述のとおり，本書が想定している読者は経営学に馴染みのない人々，これまで経営学を体系的に学んでない人々であり，そのような人々が独学で経営戦略の基礎を学べるというのが本書のコンセプトです。つまり，経営戦略論に至るまでの学びを省略しても経営戦略の基本を理解できるようにしなければ本書のコンセプトは実現されない，ということです。

　経営戦略の内容は，ある程度は経営学の他の分野から独立しています。経営学の全般的な知識を理解していなければ経営戦略を学ぶことができない，というわけではありません。したがって，本書で初めて経営学や経営戦略に触れるという読者がいても問題ありません。ただ，経営戦略を学ぶ以前に1つだけ理解しておいてほしいことがあります。それが本章の内容です。

2　企業とはどのような存在か？

　「企業とはどのような存在なのか？」と問われたら，「人が集まってなんやかんやして，なにかつくって売っているんじゃないの？」と考えるのが一般的ではないでしょうか？　それでほとんど正解です。原則として企業とは，なにかしらの製品・サービスを顧客に提供する存在[1]です。イメージどおりですね。ただ，これで話が終わるのであれば，わざわざこのような問いかけはしません。もう少し踏み込んで考えてみましょう。

　なぜ人々はなにかをつくって誰かに売るということを始めたのか？　答えは単純です。自分がつくったものと，生きていく上で必要なものを交換するためです。食べ物だったり衣類だったり，私たちは生きていく上でさまざまなもの

を必要としています。それらを自分でつくることができれば，交換の必要はありません。とはいえ，必ずしもすべてを自給自足できるわけではありません。海沿いに住む人々がわざわざ山に行って果物などを採集するのは大変です。あるいは，衣類が欲しいけれど材料や技術の問題で自分では衣類をつくれない人々もいるでしょう。そこで，自分がつくったものや獲ったもののうちの余分なものを，他者が持つ自分にとって必要なもの（しかしその他者にとっては余分なもの）と交換します。これが「経済」の基本的な考え方です。

　ここで示したのは物々交換ですが，相手が交換を求めてきたときに必ずしも自分が必要としているものを相手が持っているとは限りませんし，逆もまた然りです。このようなときには物々交換は成立しません。もし自分が売ることができるものが食べ物だとすると，交換が成立しないといずれ腐ってしまい，その価値が大きく損なわれてしまいます。このようなときに重要な役割を果たすのが「貨幣」です。たとえば食べ物は空腹を満たします。衣類は寒さを防いでくれます。しかし，食べ物や衣類のように，貨幣は私たちの欲求を直接的に満たすことはありません。貨幣って，古くはただの貝殻，現代では金属片や紙切れですからね。貨幣というもの自体に価値はありません。

　でも，貨幣にはいくつかの機能2)があります。1つは交換機能です。ある一定範囲で暮らす人々，つまりある社会の人々が「貨幣は交換に使える」と認めれば，物々交換ができなくても貨幣と交換ができ，そしてその貨幣は別の交換の機会で使うことができます。貨幣のもう1つの機能は価値貯蔵機能です。食べ物は腐ります。寒さを防ぐ衣類は，暑くなったら必要性が低下します。つまり，あるものの価値の大きさ，言い換えると交換の際の価値の大きさは，時間とともに変動する可能性があるわけです。ですが，貨幣は劣化しません。価値の変動が大きいものをいったん貨幣に変換することで，価値の変動，特に低下を防ぐことができます。

　いつまで経済の話をするんだときっと思っているでしょう。大丈夫です。ここからが本題です。ここまで述べてきたとおり，貨幣には交換機能と価値貯蔵機能があります。つまり，貨幣をたくさん貯め込んでいれば，いつでもより多くのものと交換でき，物質的に豊かになることができるわけです。したがって，貨幣をたくさん欲しい人々，さらには貨幣をたくさん得るために工夫をし始

る人々が出てくるのはなんら不思議ではありません。

　貨幣を得るためには，人々が必要と思うもの，欲しいと思うものを提供する必要があります。人々が欲しいと思うものとは，他の誰かが提供するものよりも特定の側面で優れていたり，あるいは他の誰も提供していないものです。多くの人々が野菜しか売っていないのであれば，魚を仕入れて売ることで多くの貨幣を得ることができます。このような，人々が専門的な仕事に従事するようになることを社会的分業と呼びます。社会的分業によって人々は専門性を高め，より効率的な生産が可能となりました。これが企業の始まりです。自己の利益のために社会からさまざまなものを調達し，それを社会的に必要とされるものに変換すること。これが最も素朴な企業の存在意義です。これは昔でも現代でも，中小企業でも大企業でも変わりません。企業の活動によって，社会全体が物質的に豊かになりました。そのスタートは「自身の利益を追求するために他者が売っていないものをつくって売る」という極めて個人的な行為であっても，それが社会全体の効率性の向上に結実しているのです。

3　経営とはどのような行為か？

(1)　内向きの調整としての経営

　では，このような存在である企業を「経営する」とはどういうことなのでしょうか？　端的に述べると，経営とは企業の活動をスムーズにするために，企業の内外に働きかけることです。まずは企業内部での働きかけについて詳しく考えてみましょう。なお，ここからは企業が人々のためにつくり，提供するものを「製品・サービス」と呼ぶことにします。

　企業は製品・サービスをつくるためにさまざまなことをしています。まず，そもそもなにをつくるのかを決めなければいけません。企業は自己利益を追求する存在ですから，つくるものは自身に利益をもたらすもの，つまり多くの人々に高く買ってもらえるものである必要があります。そのため，人々がなにを求めているのか，どのような製品・サービスであればすすんでお金を支払ってくれるのかを知るための市場調査が必要になります。市場調査の結果，どのようなニーズがあるのかわかったら，そのニーズを満たすための製品・サービ

スを開発します。つくる製品・サービスが決まったら，それを大量生産します。生産した製品・サービスを売るためにお店を運営したり，その製品・サービスをより多くの人に知ってもらうための宣伝・広告活動も必要です。この間，つくった製品・サービスできちんと利益が出るようにするためのコストの計算も常に行わなくてはなりません。

　この一連のプロセスを1人だけで行うことはとても大変ですが，不可能ではありません。現代でも1人でビジネスを行っている人々はたくさんいます。しかし，より多くの売上や利益を追求しようと思うと，1人ではとても困難です。体がいくつあっても足りませんが，足りないのであれば増やせばいいので，従業員を雇って働いてもらうことになります。

　従業員を雇用し複数人で働くようになると，みんなが同じ仕事をするのではなく，それぞれの得意分野に分かれて仕事ができるようになります。これが分業です。分業すると，せまい範囲に限定された同じ仕事を繰り返していくことになります。同じ仕事を高頻度で繰り返すことにより，すべての仕事を1人で行う場合よりも早くその仕事に慣れ，より速く，より高い精度で仕事を行うことができるようになります。これを専門化と呼びます。この専門化を通じた仕事の早期習熟が，分業によって効率が高まるメカニズムです。多くの企業が個人ではなく複数人で組織されている理由の1つとして，この分業と専門化のメリットを享受できることが挙げられます。ですから，分業せずにただなんとなく集まってなんとなく仕事をしても，あまりメリットはないわけですね。

　ただ，自分1人だけではなく他の従業員と一緒に仕事をするようになると，ある課題に直面することになります。それは仕事や従業員間の調整です。たとえ分業していても，企業のさまざまな仕事は最終的には製品・サービスに統合されなければいけません。そのためには仕事間の調整が必要です。また，他の従業員が自分の思うとおりに働いてくれるとは限りません。他者ですから，もともと抱いている想いや価値観は異なって当たり前です。分業によって取り組んでいる仕事が異なることで，仕事をする上での考え方や優先順位も異なることもあります。考えや価値観の違いがあまりに大きいと，いつも仕事の背景や文脈，ねらいを説明しなければならなくなります。従業員と共に働くことで分業化と専門化のメリットを享受できますが，その反面，調整の手間や労力がか

かります。この手間や労力を可能な限り小さくし，スムーズに製品・サービスを提供できるようにすることが経営です。

(2)　外向きの調整としての経営

　続いて，企業の外側への働きかけについて考えてみましょう。ほとんどの企業は自己完結しているわけではありません。経営に必要なものの大部分を自社の外部から調達することで，はじめて企業としての役割を果たすことができます。たとえば，従業員になる可能性のある人々は労働市場にいます。労働市場とは，仕事を探す人々と，従業員を探す企業のマッチングの場です。お互いの希望する条件がマッチしたときに雇用関係を結びます。原材料も多くは他社から調達しますし，経営に必要な資金も株式を発行して株主から調達したり，金融機関から借りたりします。このような経営に必要なものの総称を経営資源（第4章参照）と呼びます。外部の経営資源を利用せず企業を経営することはほぼ不可能です。企業は外部から獲得した経営資源を製品・サービスに変換する存在です。内部の調整だけではなく，経営資源を提供してくれる外部との関係性についても熟慮し調整しなければ，企業はより良い製品・サービスを提供するという本来の役割をまっとうできない，ということです。

　このような経営資源のインプットだけではなく，狭義には製品・サービスの提供，広義には自身の全般的な振る舞いというアウトプットの側面でも，企業は外部と関わります。製品・サービスは，顧客という企業外部の存在に届けられますが，それだけではなく製品・サービスを提供する過程で社会全般とも関わります。そしてその影響は，必ずしも望ましいものとは限りません。日本の高度経済成長期には，環境を軽視した企業の活動によって引き起こされた公害が数多くの人々を苦しめました。企業がなにげなく発信した広告が，実はさまざまなマイノリティの人々の存在を軽視し感情を無視したものであることも，近年では指摘されるようになってきています。

　たとえその目的が自己利益の追求であっても，企業は製品・サービスの提供を通じて社会をより住みやすいものにしてきました。したがって，企業の役割は，社会から調達した経営資源を効率的に製品・サービスに変換することだけで十分なのではないか，という主張もあります。

　しかし，前述のとおり，企業は外部から経営資源を調達することで経営を行っています。これは視点を変えると，外部からその存在を肯定的に認められなければ経営資源を十分に調達できない，ということを意味しています。効率的で効果的な企業活動を行い，自己利益を増大させるためにも，企業は社会との関わりの中で事業活動が実現できていることを自覚した経営を行う必要があります。

　そもそも「自己利益を獲得するために社会に配慮する必要がある」と手段的に考える以前に，企業は社会的な存在です。優れた製品・サービスを提供することで社会の発展に寄与しつつ，同時に社会から提供される経営資源があるから活動できる，社会を生かし社会に生かされている存在です。そのような存在である企業が社会のことを軽視していいはずはありません。企業は社会に対する責任を果たす必要がありますが，このような考え方を「企業の社会的責任」といいます（第14章参照）。

　企業の社会との関わり方は，近年の経営戦略論でも重要なトピックです。企業の利益と社会貢献を切り分けて別個に追求するのではなく，社会貢献や社会問題の解決そのものをビジネスとして行い，それを通じて十分な利益を上げる共通価値の創造（第14章参照）という考え方が注目されています。

　また，株主が投資対象を選択する際に，社会的な利益に貢献する企業を高く評価するESG投資も社会に定着してきています。ESGとは環境（environment），社会（society），ガバナンス（governance）の頭文字をとったものです。これまでは利益率などの財務指標の優れた企業が投資対象として選択されてきました。財務指標は企業の経営の効率性などを定量的に示したものですから，企業を評価する指標としては重要です。しかしながら，その側面ばかりを評価すると，企業はそちらでさらなる評価を得るための行動を強化します。そのことは，もしかすると社会を蔑ろにするような行動に企業を駆り立ててしまうかもしれません。財務的視点だけではなく，社会的視点から企業を評価することは，社会をより良い方向へと進めるような行動に企業を導くことにつながります。

(3) あらためて，経営とはどのような行為か？

　長かった「経営とはどのような行為か？」という問いの解題も，ようやく終着点が見えてきました。本節の内容をまとめあげると，経営とは「自己利益と社会的利益を可能な限り両立させるための内外の調整」と定義することができます。ずいぶんとシンプルな定義になりましたね。

　これだけシンプルな定義を示すのに，これほどの紙幅を割いたのには理由があります。それは，背後にある理屈や，この定義が導き出された道筋を理解してほしかったからです。理屈を理解しないまま定義だけ見ても，表面的な理解しかできません。もし本章の冒頭でこのシンプルな定義を示されていたら，きっとみなさんは「ふーん，そんなもんか」と素通りしていたのではないでしょうか？　でも，ここまで読み進めてきたみなさんは，この定義の背後にある理屈をより深く理解して企業や経営を捉えることができるはずです。そして，その理解は次節で考える企業の目的，そして経営戦略と深く関係しています。

4　「個別企業」の目的

(1)　企業の目的を示す諸概念

　ここまで述べてきた「企業とはなにか？」や「経営とはなにか？」とは，たとえばトヨタ自動車や任天堂といった具体的な企業やその経営を想定しない，一般的で抽象的なものでした。これらを理解することは重要ですが，それだけでは具体的にどのような企業としてどのように経営をするのかを決めることができません。企業はさまざまな活動を行うことで製品・サービスを提供します。具体的な目的がなければ，具体的な活動ができません。これは，目的地を設定しなければ歩き出すことができないことと似ています。抽象的な企業や経営のあり方を念頭に置いた上で，企業は自分たち自身の目的や存在意義，そしてそれに基づいた具体的な経営のあり方を考えていく必要があります。

　経営学では，これまで企業の目的やあり方を示す数多くの言葉や概念が提示されてきました。ビジョン，ミッション，そして近年ではパーパスも盛んに耳にします。これらの概念はおおよそ図表1－1のように整理できます。

図表1-1　企業の目的やあり方を表す諸概念

概念	内容	時間軸
パーパス	その企業が存在する目的 「なぜ存在するのか？」 「なぜ〇〇をするのか？」	過去―現在―未来
ミッション	その企業が果たすべき使命 「なにをするのか？」	現在―遠い将来
ビジョン	企業が追求する未来像 「いつ，どのようになっていたいのか？」	現在―近い将来
バリュー	従業員が共有し実践すべき価値観 「なにをするべきなのか？」	現在

出所：筆者作成

　パーパスは企業の存在意義や存在する目的のことを指します。前述したように，企業はもともと自己利益を増大させることを目的とした存在であり，依然として利益を上げることは企業にとって重要です。しかし，企業と社会の関係が問われる現代において，企業はただ利益を追求すること，利益追求以外を背後に押しやった経営を行うことは困難です。社会を生かし，社会に生かされる存在である企業は，その社会の中でなぜ自身が存在しているのか，その必要性を問われます。その役割の中核あるいは根本となるのがパーパスです。企業の設立から現在，そして未来に至るまでそう頻繁に変わることのない，経営における強固な軸ともいえるでしょう。

　パーパスによって自身の存在意義を明確に定義したら，次は具体的になにをするのかを決める必要があります。定めたパーパスを前提に，遠い将来においてどのような社会をつくっていくのか，そしてそれに対してどのような貢献をしていくのかを定めるのがミッションです。

　遠い将来の社会のあるべき姿であるミッションは，そう簡単には実現されません。いくつかのマイルストーンを経て，段階的に実現されていきます。そのマイルストーンとなるもの，中期的にどのようになっていたいのかという将来像がビジョンです。

　ミッションやビジョンは企業の具体的な活動を通じて実現されますが，どの

ような行動が望ましいのかを定めるのが，共通の価値観であるバリューです。パーパスとミッションやビジョンを具体的につなぐための行動を支えるものといえるでしょう。

(2)　企業の目的と経営戦略の関係性

　企業の目的と関連する概念について整理しましたが，これらの概念はそれほど厳密には定義されていません。ある企業ではビジョンとして設定されているものが別の企業ではミッションだったりすることもあります。そんな曖昧なものに意味があるのかと思うかもしれませんが，意味はあります。企業の目的は経営戦略と密接に関係するのです。

　第2章以降，みなさんは経営戦略のさまざまな視点を学んでいきます。それらはとても重要ですが，残念ながらそれらを学んだら自動的に「こういう経営戦略にすればいいんだ！」という答えが導き出されるわけではありません。みなさんが学ぶのはあくまで経営戦略の基礎的な考え方であり，その具体的な内容や実施方法はみなさん自身が考える必要があります。「そんな無責任な…」と思うかもしれませんが，そういうものです。理由は，企業はそれぞれ別個の存在だからです。企業には異なる歴史，異なる経営資源，そしてなにより異なる目的，すなわちパーパスやミッションがあります。ある企業にとってはパーパスやミッションと合致する戦略であっても，他の企業では受け入れられないかもしれません。

　たしかに企業は利益を追求する存在です。しかしそれは，利益追求だけをすればいいということではありません。自身が社会の中で果たすべき役割を自覚し，その範囲の中で利益を追求することが現代の企業のあるべき姿であり，経営という行為はそれをより良く実現するためにあります。このことを理解しないと，経営および経営戦略はただの「お金儲けのためのテクニック」として理解されてしまいます。本章の役割は，そのような誤った理解を防ぐためにありました。そしてこれが，本章の冒頭で書いた「経営戦略を学ぶ以前に1つだけ理解しておいてほしいこと」です。本章の内容を理解したみなさんであれば，第2章以降の内容をお金儲けのテクニックではないものとして理解できるはずです。

コラム 企業にとってのお金

　本章では「企業は利益を追求する存在でありながらも，それだけを目的としてはいけない」ということを述べてきました。では，お金が目的ではないならば，企業にとってお金とはいったいどのような存在なのでしょうか？

　企業にとってのお金は，私たち人間にとっての血液のような存在と理解するとわかりやすいです。私たち人間は，身体をめぐる血液が酸素や栄養を身体の隅々まで届けてくれることで生きていくことができています。私たちは血液なくして生きていくことはできません。だからといって，私たちが血液のために生きているということはありません。より良い血液をつくり出すことを第一の目的として日々の生活を過ごしたりはしませんよね。

　企業もお金がなければ活動ができません。活動ができなければパーパスに基づいてミッションを実現することができません。その意味で，企業にとってお金はとても重要であり，人間にとっての血液と同じです。

　お金はあくまで企業が活動するためのものです。より良い活動をするためにはより多くのお金が必要になりますが，だからといってそれは目的ではありません。得たお金を有効に用いてミッションを実現していくことが，1つの重要な経営の役割といえるでしょう。

《注》
1）　企業にはさまざまな側面があります。三戸・池内・勝部［2011］では，企業の重要な側面として「財・サービスの提供機関」，「株式会社」，「大企業」，「組織」，「家」，「社会的器官」の6つを挙げています。
2）　貨幣の機能は，ここで挙げた交換機能と価値貯蔵機能の他に，価値尺度機能と呼ばれるものがあります。たとえばリンゴと靴下など，カテゴリーがまったく異なるもの同士の価値は比較が困難ですが，それぞれを貨幣に換算することで比較が可能となります。このような機能を，貨幣の価値尺度機能と呼びます。

📖 **参考文献**
• 三戸浩・池内秀己・勝部伸夫［2011］『企業論（第3版）』有斐閣。

経営戦略の概観

　経営戦略とは企業組織が目標達成に向けて独自になんらかの手段や工夫を講じていくための方向性であり，組織内における意思決定の単純化，調整手段，目標などの役割を担っています。経営戦略は企業の上層部が計画的に策定するだけでなく，その実行の過程で組織から創発的に形成される場合もあります。経営戦略を定める際には企業の活動領域，資源展開のあり方，競争優位性，考慮すべきシナジーといった要素を包含させるとともに，全社レベルでの全社戦略，各事業レベルでの事業戦略，各職能レベルでの職能別戦略を有機的に結びつけることが重要です。企業の活動領域であるドメインにも企業レベルと事業レベルがあり，特に事業レベルのドメインの設定は顧客の求める機能に着目して定義，そして再定義していく必要があります。

1　経営戦略の定義

(1)　経営戦略の定義や概念

　まずは経営戦略について厳密に理解するために，経営戦略の定義や概念をいくつか紹介します。経営戦略論の代表的な文献における経営戦略の定義や概念は，図表2－1で示したとおりです。とはいえ，図表2－1を見ただけで正確に理解できる人は少ないのではないでしょうか？　というのも，いずれの定義も表現が抽象的であり，また論者によって視点や表現がバラバラに見えるためです。

　あえて共通点を挙げるなら，企業経営について，①なにかしらの方向性を決

図表2－1　経営戦略の代表的な定義や概念

チャンドラー (Chandler, A. D., Jr.)	長期の基本目標を定めたうえで，その目標を実現するために行動を起こしたり，経営資源を配分したりすること。 (Chandler [1962], 邦訳 [2004] 17頁)
アンゾフ (Ansoff, H. I.)	(1)企業の事業活動についての広範な構想（concept）を提供し，(2)企業が新しい諸機会を探求するための明確な指針（guide-lines）を決定し，(3)最も有望な機会へと企業の選択プロセスを絞り込んでいくような意思決定ルールによって企業の諸目標（objectives）を補完する，といったようなもの。 (Ansoff [1965], 邦訳 [1969] 129頁)
アンドルーズ (Andrews, K. R.)	企業の主な目標（major objectives），意図（purposes），長期目標（goals）であり，これらの達成に向けて必須の方針や計画のパターンである。それは企業がどのような事業に参入しているのか（参入すべきか），または，どのような業種の企業であるのか（企業であるべきか）を規定すべく明示されたもの。 (Andrews [1971], 邦訳 [1976] 53頁)
ホファー＆シェンデル (Hofer, C. W. & Schendel, D.)	組織がその目的を達成する方法を示すような，現在ならびに予定した資源展開と環境との相互作用の基本的パターン。 (Hofer & Schendel [1978], 邦訳 [1981] 30頁)

出所：各邦訳書をもとに筆者作成

め，②その方向へと前進していくために必要とされるなにかを決めて示していくことが経営戦略だといえます。さらに大雑把にまとめるならば，経営戦略とは「なにかを決めて示していくこと」ともいえるでしょう。

(2)　経営戦略の役割

　グラント（Grant, R. M.）によると，経営戦略には，主に①意思決定支援，②調整手段，③目標の3つの役割があるとされています（グラント [2008；2016]）。

①　意思決定支援（decision support）としての戦略

　まず経営戦略には，意思決定を単純化する役割があります。これは意思決定において考慮すべき代替案の範囲が限定されることや，戦略が発見法（heuristic，受容できる問題解決策を見出すために必要な調査を減らす経験則）

として機能することで，意思決定すなわちなにかを決めるということを支援するのです。

その他，戦略を策定するプロセスが異なる個人の知識を蓄積・統合する機能，戦略を分析するツールの使用を促進する機能などによって，組織内の個人や組織全体の意思決定の一貫性をもたらします。

② 調整手段（coordinating device）としての戦略

経営戦略の２つめの役割として，組織内の多様な人々の調整を促進していくという役割があります。経営者が経営戦略を表明する（すなわち，なにかを示していく）ことで，企業のアイデンティティ（独自性），目標，競争に対する企業の基本的なスタンスが，組織のあらゆるメンバーに伝達されます。

また，戦略を策定する過程は，さまざまな意見交換や合意形成の場となります。そして戦略が策定されると，組織が一貫した方向へ確実に突き進んでいけるような必達目標（commitment），業績目標（performance targets）へと具体的に落とし込まれるのです。

③ 目標（target）としての戦略

経営戦略の３つめの役割として，企業が将来どのようにありたいのかという目標に関連し，組織としての発展の方向性を確立することや，組織メンバーを動機づけ，鼓舞していくための願望を「目標」として設定することがあります。この役割においても，「なにかを決めて示していくこと」といった経営戦略の意味合いと関連があることがわかります。

(3) 経営戦略の多様な捉え方

それでは経営戦略は誰が主体となって，どのようなプロセスから生じてくるのでしょうか？　図表２－１で示したホファー（Hofer, C. W.）とシェンデル（Schendel, D.）の定義からも読み取れるように，伝統的な経営戦略論の中では，組織の外部・内部要因に関する客観的かつ合理的な分析を通じて，ある時点での経営環境と適合した戦略が策定され，戦略実行のために経営資源の配分などが，より綿密に計画されていくものと理解されていました。

また，戦略の策定はトップや組織上層部が，そしてその実行は組織が担うといった具合に，戦略の策定・実行プロセスと各プロセスにおける担い手（主体）を切り離していることが，伝統的な経営戦略論における考え方の大きな特徴といえます。

　これに対して，ミンツバーグ（Mintzberg, H.）は「パターンとしての戦略」など，伝統的な経営戦略論と異なる視点から戦略や戦略形成プロセスを示しています（Mintzberg［1978］）。

　伝統的な経営戦略論において，戦略は「将来を見据えるプランとしての戦略（"前へ"の戦略）」として捉えられていました。ミンツバーグは，戦略には「過去の行動を見るパターンとしての戦略（"後から"の戦略）」，すなわち，時を超えて一貫した行動を示すといった見方もあることを示し，いずれの見解も正しいと述べています。

　図表２－２で示されているように，戦略には，「意図された戦略」，「実現されない戦略」，「実現された戦略」があります。現実の企業経営では，当初「意

図表２－２　計画的および創発的戦略

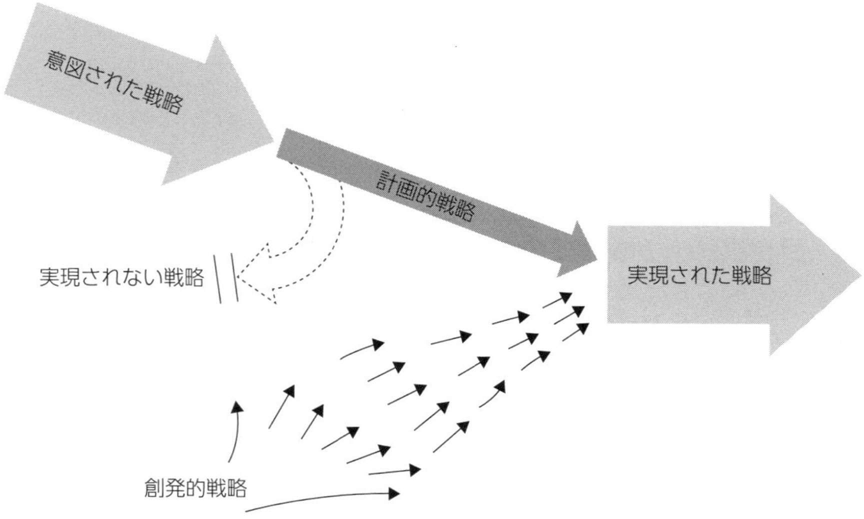

意図された戦略

計画的戦略

実現されない戦略

実現された戦略

創発的戦略

出所：ミンツバーグ他［2013］13頁

図された戦略」がすべて実現されるとは限らず，予期せぬ環境変化によって結果として「実現されない戦略」となることもあり得ます。一方，変化に対応する中で結果として「実現された戦略」も存在しうるのです。

　ある一時点でトップや組織上層部などの限られた人々の認識によって「意図された戦略」が完璧に実現されることは非現実的といえます。ミンツバーグが指摘するように，企業は現実的には，ある程度先を考えておきつつ適宜対応していくことから，戦略は「プラン」かつ「パターン」なのです。

　伝統的な経営戦略論における戦略概念に対応する「プランとしての戦略」，つまり完璧に実現されることを「意図された戦略」が計画的戦略です。そして，戦略に関する新たな見解としてミンツバーグによって示された「パターンとしての戦略」，つまり最初から明確に意図されたわけでなく，行動の1つひとつが集積され，そのつど学習する過程で戦略の一貫性やパターンが形成され，「実現された戦略」へと導かれる戦略が創発的戦略となります（図表2-2）。

　たとえば，創発的戦略の代表的な事例として，ホンダ（本田技研工業株式会社）によるアメリカのオートバイ市場への参入があります（Pascale［1984］；ミンツバーグ他［2013］）。当時（1959年）の同市場では大型自動二輪車が主流であり，ホンダも排気量250 ccや305 ccといった当時としては大型の車種に自信があったことから大型車の投入を計画し，販売を開始しました。

　一方で，ホンダの社員がロサンゼルス市街で自分たちの用事を済ませるために使用していた50 ccの小型車（スーパーカブ）が現地で注目を浴び，小売大手のシアーズのバイヤーからも問合せを受けていました。しかし，ホンダは所期の戦略計画に準じ，最初の数か月間は小型車の販売は行いませんでした。

　大型車は少し売れたものの，大陸ならではの高スピードでの長距離走行で故障が目立ち始め，いよいよ小型車の販売開始に至りました。つまり大型車の不具合と小型車への注目という想定外の事実が相まって，ホンダでは小型車の投入という意図せざる戦略が創発されたわけです。また当時のオートバイ市場は特定の顧客層（「黒革ジャンの連中」）に限られていましたが，ホンダは小型車の販売によって新たな顧客層を開拓し，日常の移動手段としてのオートバイ市場を創出することに成功しました。

　こうした事例を見ると，創発的戦略のほうが常に優れていると捉えてしまう

かもしれません。しかし現実的には，すべてが計画的でまったく学習のない戦略がほとんど存在しないのと同様に，すべてが創発的でコントロールが皆無という戦略もあり得ません。ミンツバーグは，計画的戦略と創発的戦略の関係性について，「効果的な戦略というのは，予期せぬ出来事への対応力と予測する能力を兼ね備えたこれら2つの戦略の組み合わせ」であり，「戦略は計画的に策定（formulate）されると同時に創発的に形成（form）されなければならない」としています。

2　経営戦略の構成要素

(1)　経営戦略の研究焦点と構成要素の多様性

　経営戦略の構成要素とは，学術的には各論者がそれぞれ着目する企業経営のある側面と密接な関わりを持っています。また，実務的には企業組織が表明する経営戦略に盛り込まれるべき，あるいは経営戦略の策定において考慮されるべき事項としても捉えることができます。

　図表2－3で示したように，研究の焦点によって各論者が想定する戦略概念の幅（経営戦略を全社レベルで捉えるか，事業レベルで捉えるか？）は異なり，定義や構成要素に違いが生じてきます（図表2－1）。たとえば，チャンドラーとアンドルーズは全社レベルから，アンゾフは事業レベルから，そしてホファー&シェンデルは両方のレベルから捉えていることから，各定義に盛り込まれる構成要素が異なっていることがわかります（ホファー&シェンデル[1981]）。

(2)　経営戦略に関わる普遍的な4つの構成要素

　研究の焦点によって概念の幅や構成要素に相違が見られる一方，ホファー&シェンデルは，バーナード（Barnard, C. I.）が示した組織の存続条件に関連する有効性（組織による外部適応の適切さ：effectiveness）と能率（組織による内部運営の適切さ：efficiency）という概念を援用し，これらの両立に向けていかなる経営戦略においても，以下の4つの構成要素が共通して存在するとしています。また，各要素は組織内のあらゆる階層で，良い戦略にも悪い戦略に

図表2−3 研究の焦点と戦略概念の構成要素

	研究の焦点	戦略概念の構成要素
チャンドラー	企業の成長戦略，その戦略を管理するための組織構造との関係性	目標（goals） 目的（objectives） 行動計画（action plans） 資源配分（resource allocations）
アンゾフ	製品と市場を軸とした事業展開の方向性と競争優位性の確保，事業展開における既存の経営資源の有効活用	製品-市場の領域（product-market scope） 成長ベクトル（growth vector） 競争優位性（competitive advantage） シナジー（synergy）
アンドルーズ	トップの機能および責務としての企業（全社）レベルでの戦略計画法の提示	目標（goals） 方針（policies） 計画（plans）
ホファー＆シェンデル	戦略概念の理論的整理（定義）と，全社および事業レベルでの戦略策定のための分析概念，モデル，技法の提示	ドメインないしは領域（domain or scope） 資源展開（resource deployments） 競争優位性（competitive advantage） シナジー（synergy）

出所：ホファー＆シェンデル［1981］22-23頁をもとに筆者作成

も見出すことができ，その相対的な重要度はレベルによって異なると述べています（ホファー＆シェンデル［1981］）。

① 領域（scope）

領域とは，組織の現在および予定した外部環境との相互作用が及ぶ範囲であり，組織のドメイン（domain）と呼ばれることもあります。言い換えれば，企業が経営環境の中で自らの存続のために設定した企業活動の範囲のことです。

② 資源展開（resource deployments）

資源展開とは，組織の目標・目的の達成を支援するための過去から現在における組織の資源ならびにスキルの展開に関わるレベルとパターンであり，企業組織の独自能力（distinctive competences）といわれることもあります。要するに，企業が蓄積してきた（組織能力を含む）経営資源を活用するためのあり方といえます。

③　競争優位性（competitive advantages）

　競争優位性とは，組織が資源展開のパターンや領域の決定を通じて，競合他社に対して展開する独自のポジションのことです。競争優位性は製品-市場のポジショニング，あるいは独自の資源展開のいずれかから生じるとされています。

④　シナジー（synergy）

　シナジーとは，組織の資源展開のあり方や領域を決める際に考慮すべき相乗効果のことです（第8章参照）。シナジーは，組織の「能率」を決定づける主要な要因であり，組織の独自能力や製品-市場への参入と相まって発展する構成要素とされています。

3　経営戦略の構造

(1)　経営戦略のレベルと一貫性の維持

　経営戦略には全社レベルの「**全社戦略**」の他に，事業レベルでの「**事業戦略**」と職能レベルでの「**職能別戦略**」が存在します。

　全社戦略は，全社レベルの目標を達成するための手段であるとともに，事業レベルの目標設定を制約します。同様に事業レベルの目標を達成するために策定された事業戦略は，その下位レベルにある職能レベルでの目標設定を制約します（多角化企業では，事業ごとに事業レベルの目標と事業戦略が存在します）。さらに職能レベルでは職能ごとの目標達成に向けて職能別戦略が定められるといった具合に，上位と下位の目標・戦略は相互に関連しています。

　このように経営戦略は目標達成に関する論理システムであり，全社戦略によって組織全体の方向性を，それから全社戦略に合致した事業戦略や職能別戦略を形成することで組織の一貫性を維持するという役割を果たします。

(2)　各レベルの戦略

　各レベルの戦略は単独で存在するのではなく，相互に密接に結びつくことで企業全体の大きな目標達成を支援しています。以下，このような経営戦略の構

造に関する全体的な理解を踏まえ，各レベルの戦略の特徴や内容を整理しておきます。

① 全社戦略（企業戦略：corporate strategy）

全社戦略とは，企業組織全体の視点から，主に「領域（組織のドメイン）」や資源展開のあり方を設定する戦略です。まずは全社レベルでの目標達成に向けて，「自社では全社的にどのような事業を組み合わせ，どの範囲まで事業を展開するのか？」についての方針を定めます。この際，その前提としてシナジー効果を十分に考慮しなければなりません。そして，「企業が保有するヒト・モノ・カネ・情報といった経営資源を，組織の何処に，どのような割合で分配するのか？」などを決定していくことが，全社戦略の主要な役割となります。

② 事業戦略（business strategy）

事業戦略とは，端的にいうと，各事業分野における「競争戦略」のことです。多角化した企業では，事業ごとに事業戦略が存在します。「各事業分野の製品-市場分野において必要な利益を継続的に確保するために，顕在的および潜在的な競合他社に対して，自社ではどのような優位性の構築を目指すのか？」，「どのような経営資源や活動を組み合わせることでその優位性を持続していくのか？」についての方針を各事業で定めていくことが事業戦略の主要な役割となります。

③ 職能別戦略（職能戦略，機能戦略，機能別戦略：functional strategy）

職能別戦略とは，職能分野別に経営資源の有効活用の方法を考案する戦略です。たとえば製造業の事業部制組織の場合，製造，販売，研究，開発，経理，人事，法務，などの機能（仕事）を担う職能部門があり，職能部門ごとに職能別戦略が存在します。ここで各事業部の配下にある職能部門（おもに製造，販売部門）の職能別戦略は，所属する事業部門の事業戦略によって規定された職能目標の達成に向けて考案されることになります。

4 経営戦略と事業ドメイン

(1) ドメインとは

　ドメイン（領域）とは，企業の活動領域，事業領域，生存領域等を指します。企業全体あるいは事業単位でのドメインを設定していくことは，あらゆる組織に共通して存在する経営戦略の構成要素の筆頭としても掲げられているように，経営戦略を決めて示していく上での極めて重要なポイントとなります。ドメインはレベル別に，**企業ドメイン**（corporate domain）と**事業ドメイン**（business domain）に分類されます。

① 企業ドメイン

　企業ドメインとは，企業が行うすべての事業活動の領域や範囲のことです。たとえば，総合エレクトロニクスメーカーであるパナソニック株式会社の企業ドメインには，家電・空質空調・食品流通・電気設備・デバイス等の開発・製造・販売が含まれています。同社はパナソニックホールディングス株式会社の傘下にあり，パナソニックグループ全体のドメインは，さらに住宅用機器・車載部品・産業用装置・各種電池等の事業が含まれ，多岐にわたっています。

　企業ドメインの設定においては，企業組織を存続させていくために，「どのような事業を保有するのか？」，「どのような事業同士を組み合わせるのか？」について考えること，つまり事業ポートフォリオ（事業の組み合わせ）を考えることが主要な論点となります。

② 事業ドメイン

　事業ドメインとは，企業が有する各事業がそれぞれ展開していく領域や範囲のことです。たとえば，パナソニック株式会社が展開する事業の1つである空質空調事業の事業ドメインとしては，個人向け商品（たとえば，エアコン，空気清浄機，ナノイー発生機など）と法人向け商品（水や空気の浄化システム，太陽光発電，園芸システムなど）の開発・製造・販売が含まれ，地域も国内のみならずグローバルに展開しています。

事業ドメインを設定する際には，「どのような製品・サービスを，どのような顧客層（市場）に対して売っていくのが適切であるか？」について考えることが主要な論点となります。また，事業ドメインを設定することは，「事業の定義」の中核となります。

(2) 事業の定義における顧客機能の重要性

レビット（Levitt, T.）は，アメリカにおける鉄道や映画等の産業が衰退していった理由について，需要減少が原因ではなく企業経営の失敗によるものであるとし，より具体的には「事業の定義」を誤ったからであると指摘しています（レビット［2001］）。

ここでは事業を定義する上での留意点として，自社の製品・サービスを中心とした事業の捉え方にとらわれて視野狭窄に陥っている状態を**マーケティング近視眼**（marketing myopia）と表現し，顧客視点に根差して事業を捉える重要性について主張しています。

たとえば，鉄道会社の場合，自社のサービス（鉄道を用いた人や物の輸送）のあり方にこだわったことがあだになったとしています。顧客が企業に求めているもの（ニーズ，価値）は，移動や輸送といった「機能」であり，必ずしも鉄道という「物理」的な手段でなくてもよいのです。つまり，当該事業を鉄道事業（鉄道を用いて，移動やサービス事業を遂行すること）と定義するのでなく，輸送事業（鉄道などを用いて，移動やサービス事業を遂行すること）と定義したほうが，より多くの事業機会を見出すことができたのです。

こうした事業の定義を行う具体的な方法としては，エーベル（Abell, D. F.）とハモンド（Hammond, J. S.）によって示された事業定義に関する3次元フレームワークがあります（エーベル＆ハモンド［1982］；エーベル［2012］）。

彼らは，マーケティング近視眼を避け，事業を広範かつ長期的な視点で定義することの重要性から，3つめの次元として「顧客機能」を追加しています。そして，3次元フレームワークを用いることによって，「誰に（①顧客層）」，「なにを（②顧客機能）」，「どのような手段で（③技術）」提供していくかといった事業の定義をより明確に行う方法を示しています。

① 顧 客 層

顧客層とは，地理的・人口統計的な特徴，社会経済的階層，ライフスタイル，パーソナリティ特性（消費財の場合），ユーザーの産業と規模（産業材の場合）に基づいて分類される顧客属性に関わる軸を指します。

② 顧客機能

顧客機能とは，企業が製品・サービスを通じて顧客に提供する機能であり，定義の仕方次第で事業展開の機会により広範かつ長期的な視点を与える軸となります。

③ 技　　術

技術には，企業が製品・サービスを通じて顧客に提供することができる（複数の選択可能な）純粋な技術の他，企業が保有する有形・無形の資産や能力も含まれます。

(3)　企業組織の存続と事業の再定義

企業が組織を取り巻くさまざまな外部環境要因の変化に対応し，持続的に成長していくためには，事業を再定義する必要性も出てきます。ただし，マルキデス（Markides, C.）は，現実問題として，事業の定義こそがあらゆる組織における最大の思い込みであることから，事業の再定義は一朝一夕にいかないと指摘しています（マルキデス［2000］）。

事業の再定義には，「事業ドメインはなにか？」，「それを再定義したらどうなるか？」，「その場合どのような戦術が必要か？」，「自社のコア・コンピタンスでその戦術をうまく遂行できるか？」といった具体的な内容を考慮することで，事業の定義の正当性を継続的に検討することが重要とされています。そして，事業を再定義するための具体的な手法として，以下の4つのステップがあります。

① 事業の定義を考えつくままにすべて列挙

まずは，顧客などの社外の意見も聞きつつ，製品，顧客，コア・コンピタンス（第5章参照）といった切り口に沿って，できるだけ多くのアイデアを出すことから始めます。

② 列挙した各定義をさまざまな基準に照らして評価

次に，列挙した各定義を複数の同じ基準で評価し，競合他社との比較で自社が最も有利になるような定義を特定することが目標となります。

ここでの評価基準は，顧客および顧客ニーズの特定，競合他社の特定・行動・事業の定義，競争優位性を維持できる見込み，市場の魅力（市場成長性や参入障壁の高さなど），主要な成功要因，個人の貢献可能性・目標との一致，事業の定義と顧客の自社イメージとの一致などです。

③ 定義の選択と付随するいくつかの意思決定

事業の定義を1つに絞り込んだ後に，たとえば，「どの製品やどの国の子会社に対して投資を行うのか？（あるいは見合わせるのか？）」など，付随するいくつかの意思決定を行います。

④ 競合他社の再定義と行動，および自社の準備を想定

「もし競合他社が事業を再定義したらどのような方向に舵を取り直すか？」，「その戦略からはどのような企業行動が導出されるか？」，「それを迎え撃つには自社はどのような準備をすべきか？」を想定することで，迅速な察知と対応に備えます。

事業の再定義による大きな効果を享受するには，以上の4つのステップを定期的かつ継続的に繰り返すことが重要とされています。また，環境変化に対する感度を高め，事業ドメインに対する考え方を改める必要性が生じているかどうかを絶えず問い直すことこそが，自社の競争優位性を高める戦略的イノベーション（strategic innovation）の源泉になるとしています。

　組織の観点から経営戦略としてなにかを決めて示すこと，とりわけなにかを「示すこと」の必要性について，少し説明を加えておきます。組織が成長すると組織内での分業体制が複雑多岐になる分，組織全体の統合や調整に多くの労力が掛かるようになり，組織全体の一貫性や方向性を保つことが難しくなります。こうした課題に対処するためには，本文でも述べてきた戦略の役割が重要となり，事業レベルや職能レベルにおける戦略も明示されていくのです。

　ホファー＆シェンデルは，チャンドラーによる企業の成長戦略とその戦略を管理する組織構造に焦点を当てた大企業数社の経営史研究をもとに，企業組織の成長と戦略の公式化・明示化について，**図表２－４**のようにまとめています（ホファー＆シェンデル［1981］）。

　企業組織の成長とは，事業や組織の規模が拡大していくプロセスであるとともに，成長に伴って組織構造（組織内の分業と統合・調整に関わる管理の比較的安定したパターン）が変化していくプロセスといえます。こうしたプロセスにおいては，管理部門，現業部門の垂直統合から複数職能部門の効率的管理を目的とした職能別組織が，また，多角化による複数事業の効率的管理を目的とした事業部制組織が各々生じてきました。**図表２－４**にあるとおり，組織の成長が進むにつれて成長の前段階で暗示的であった目標や戦略が，各レベルで公式的・明示的になっていくことがわかります。

図表２－４　企業組織の成長と戦略の公式化・明示化

企業組織の成長	組織構造の変化	目標	戦略		
			全社	事業	職能
事業の創造	業務運営システムの創造	I ↓ F	I	I	I
取引量の増大	管理部門の創造	F	I	I	I ↓ F
新機能の追加 （垂直統合）	複数職能部門の創造	F	I	I	F
新製品や国際的拡大 （多角化）	複数事業部の創造	F	F	F	F

Ｉ：暗示的目標，戦略
Ｆ：公式的・明示的目標，戦略

出所：ホファー＆シェンデル［1981］18頁をもとに筆者作成

📖 参考文献

- Abell, D. F. & Hammond, J. S. [1979] *Strategic Market Planning*, Prentice-Hall. (片岡一郎・古川公成・滝沢茂・嶋口充輝・和田充夫訳『戦略市場計画』ダイヤモンド社, 1982年)

- Abell, D. F. [1980] *Defining the Business: The Starting Point of Strategic Planning*, Prentice-Hall. (石井淳蔵訳『新訳 事業の定義:戦略計画策定の出発点』碩学舎・中央経済社, 2012年)

- Andrews, K. R. [1971] *The Concept of Corporate Strategy*, Dow Jones-Irwin. (山田一郎訳『経営戦略論』産業能率短期大学出版部, 1976年)

- Ansoff, H. I. [1965] *Corporate Strategy: An Analytic Approach to Business Policy for Growth and Expansion*, McGraw-Hill. (広田寿亮訳『企業戦略論』産業能率短期大学出版部, 1969年)

- Barnard, C. [1938] *The Functions of the Executive*, Harvard University Press. (山本安次郎・田杉競・飯野春樹訳『経営者の役割』ダイヤモンド社, 1968年)

- Chandler, A. D., Jr. [1962] *Strategy and Structure: Chapters in the History of the Industrial Enterprise*, M.I.T. Press. (有賀裕子訳『組織は戦略に従う』ダイヤモンド社, 2004年)

- Grant, R. M. [2008] *Contemporary Strategy Analysis* (*6th ed.*), Blackwell. (加瀬公夫監訳『グラント現代戦略分析』中央経済社, 2008年)

- Grant, R. M. [2016] *Contemporary Strategy Analysis* (*9th ed.*), Blackwell. (加瀬公夫監訳『グラント現代戦略分析 (第2版)』中央経済社, 2019年)

- Hofer, C. W. & Schendel, D. [1978] *Strategy Formulation: Analytical Concepts*, West Pub. Co. (奥村昭博・榊原清則・野中郁次郎訳『戦略策定:その理論と手法』千倉書房, 1981年)

- Levitt, T. [1960] Marketing Myopia, *Harvard Business Review*, Vol. 38, No. 4, pp. 45-56. (編集部訳「マーケティング近視眼」『DIAMONDハーバード・ビジネス・レビュー』November, 2001年)

- Markides, C. [2000] *All the Right Moves: A Guide to Crafting Breakthrough Strategy*, Harvard Business School Press. (有賀裕子訳『戦略の原理:独創的なポジショニングが競争優位を生む』ダイヤモンド社, 2000年)

- Mintzberg, H. [1978] Patterns in Strategy Formation, *Management Science*, Vol. 24, No. 9, pp. 934-948.

- Mintzberg, H. Ahlstrand, B., & Lampel, J. [2009] *Strategy Safari: The Complete Guide through the Wilds of Strategic Management* (*2nd ed.*), Financial Times

Prentice Hall.（齋藤嘉則監訳『戦略サファリ：戦略マネジメント・コンプリート
ガイドブック（第2版）』東洋経済新報社，2013年）

- Pascale, R. T. [1984] Perspectives on Strategy: The Real Story behind Honda's Success, *California Management Review*, 26(3)，Spring, pp. 47-72.
- 網倉久永・新宅純二郎 [2011] 『経営戦略入門』日本経済新聞出版社。
- 琴坂将広 [2018] 『経営戦略原論』東洋経済新報社。

第**3**章

業界構造分析と基本戦略

　1980年代に入ると，企業全体の視点から，戦略ドメインや資源展開のあり方を設定する全社戦略（企業戦略）の他に，個別の事業レベルにおける競争戦略が関心を集めるようになりました。こうした事業レベルにおける競争戦略を提唱したのがポーター（Porter, M. E.）です。ポーターの代表的なフレームワークには，ファイブ・フォース分析，戦略グループ分析，3つの基本戦略，価値連鎖分析等があります。これらのフレームワークを用いた見方は，業界の構造分析を進め，業界内における優れたポジションの獲得を重視することから，企業内部の経営資源に注目するリソース・ベースト・ビュー（第4章）に対して，ポジショニング・ビューと呼ばれることがあります。以下，本章では，ポジショニング・ビューの基本的な考え方について解説することにしましょう。

1　業界構造分析とSCPパラダイム

　1970年代の後半から1980年代にかけて，企業を取り巻く競争環境が厳しさを増すにつれ，競争環境を客観的に理解し，対処するための分析枠組みが強く求められていました。こうした中で，ポーターは『競争の戦略』を世に送り出し，ハーバード学派の産業組織論のパラダイムを援用して競争戦略の考え方を提唱しました。とりわけ，ポーターの競争戦略研究における中核的概念にファイブ・フォース分析（five competitive forces analysis）がありますが，これは業界分析の1つの枠組みであり，業界の構造的要因に注目する考え方です。以下，まずはファイブ・フォース分析を理解する上で重要となるハーバード学派

の産業組織論の前提であるSCPパラダイムについて確認することにしましょう。

　SCPパラダイムとは，「S（market structure：市場構造）→ C（market conduct：市場行動）→ P（market performance：市場成果）」という一連の因果関係を指し，「市場構造が市場行動に影響を与え，市場成果を決定づける」ということを示しています。つまり，SCPパラダイムとは，産業の競争構造のあり方によって各企業の行動が規定され，その結果として当該産業やその産業に所属する個々の企業の収益性がおおよそ決まるという考え方です。

　ケイブス（Caves, R. E.）は，市場構造，市場行動，市場成果の3要素を次のように定義しています。市場構造とは，買い手と売り手の集中度，製品差別化の度合い，新規企業の参入障壁，需要の成長率，需要の価格弾力性のような産業内の企業行動に影響を与える重要な市場特性の集合です。また，市場行動（企業行動）は，価格政策や製品政策のような製品市場，あるいは競合他社の動きに対する企業政策を指しています。市場成果は，市場行動がもたらす結果を意味し，それが効率性，完全雇用，発展性，公正という観点で最善と考えられる結果からどの程度離れているかによって評価されます。

2　ファイブ・フォース分析

⑴　ファイブ・フォース分析とは

　ポーターは，業界の構造的要因を重要視する産業組織論の研究成果を活かすことにより，5つの競争要因からなるファイブ・フォース分析を提唱しました（図表3−1）。ファイブ・フォース分析では，個々の企業ではなく，それらが所属する業界が基本的な分析単位になり，下記に示した5つの競争要因のすべてが脅威となり，これらが一体となって業界の競争の激しさと収益性に大きな影響を与えます（ポーター［1995］；ポーター［2011b］）。

　①　新規参入の脅威（threat of new entrants）
　②　既存競争業者間の敵対関係の強さ（intensity of rivalry among existing firms）
　③　代替製品・サービスの脅威（threat of substitute products or services）

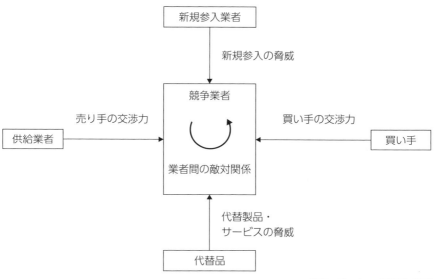

図表3-1　ファイブ・フォース分析

```
          ┌──────────────┐
          │  新規参入業者  │
          └──────────────┘
                 │
            新規参入の脅威
                 ↓
          ┌──────────────┐
          │   競争業者     │
売り手の交渉力 │      ↻       │ 買い手の交渉力
┌────────┐   │              │   ┌────────┐
│供給業者 │→ │業者間の敵対関係│ ←│ 買い手 │
└────────┘   └──────────────┘   └────────┘
                 ↑
           代替製品・
          サービスの脅威
          ┌──────────────┐
          │    代替品     │
          └──────────────┘
```

出所：ポーター［1995］18頁

④　**買い手の交渉力**（bargaining power of buyers）
⑤　**売り手の交渉力**（bargaining power of suppliers）

①　**新規参入の脅威**

　通常，業界に新規参入が起こると，業界内の生産能力が高まるため，企業間における競争が激しくなり，業界の収益性は低下することになります。新規参入の脅威は，「参入障壁」と「新規参入業者の予想」の2つの要因によって決まります。

　まず，参入障壁とは，「新規参入業者に対して既存企業が有する優位性」を指しています（ポーター［2011b］）。この参入障壁には，規模の経済，需要側の規模の利益（買い手側のネットワーク効果），顧客のスイッチング・コスト，資金ニーズ（巨額の投資等），流通チャネルの確保，許認可制度や外資規制などの政府の政策などがあります。

　次に，新規参入業者の予想についてですが，ここでの予想とは，「既存業者

が新規参入業者に対してどれくらいの反撃を起こすのか？」ということを指しています（ポーター［2011b］）。過去に既存業者が新規参入業者に対して猛烈に反撃したことがあったり、新規参入業者に対して、既存業者が余裕資金や生産キャパシティなどの対抗可能な十分な経営資源を持っていたりする場合、新規参入が難しくなります。

　たとえば、新規参入が続いた業界の例としてアパレル小売業界が挙げられます。この業界は、一昔前であれば高級ブランド専門店やセレクトショップ、百貨店、総合スーパーが中心でしたが、その後、SPA（製造小売）によって低価格のファスト・ファッションを提供するユニクロやZARA、H&M、さらにはZOZOTOWNや楽天市場をはじめとするECサイトの新規参入が続いています。

②　既存競争業者間の敵対関係の強さ

　次に、既存競争業者間の敵対関係の強さについてです。既存競争業者間での競合は、一般に同業者の数が多く、それぞれの企業規模が同等の業界において激しさを増します。また、業界の成長性が低下すると、業界内の敵対関係が強まる傾向にあります。成長がゆるやかな業界では、業績向上のために企業間の市場シェア争奪競争が引き起こされることが少なくないからです。製品・サービスの差別化の実現の程度も敵対関係を左右します。競合他社との差別化が図りにくい場合、買い手は価格の安さを基準に製品・サービスを選択することが多いため、価格競争に陥る可能性が高くなります。企業は、広告宣伝活動、新製品導入、顧客サービスや保証条件の充実などの方策を駆使して、敵対関係を緩和しようと努力するのです。

　たとえば、ガソリンスタンド業界は製品の差別化が難しく、業界の成長率も低いため、既存競争業者間で熾烈な価格競争が繰り広げられています。このため、近年ではガソリンスタンド業界を運営する企業数は統合によってますます減ってきています。

③　代替製品・サービスの脅威

　代替品とは、現在の製品・サービスと同じ機能を有する製品・サービスを意味しています。代替品の脅威とは、業界内の企業が代替品を生産する他業界の

企業と潜在的に競争していることを表しています。ポーターによれば，既存企業が最も注意しなければならない代替品は，現在の製品よりも価格性能比が高い代替品，高収益を上げている業界で生産されている代替品です。さらに，スイッチング・コスト（ある製品・サービスから他の製品・サービスに乗り換える際に発生するコスト）が低い場合，買い手は容易に乗り換えることができるため，そのような代替品の存在は業界の収益性に影響を与える場合があります。

　たとえば，スマートフォンはさまざまな製品・サービスの代替品になっています。代表的なものに，デジタルカメラ，腕時計，目覚まし時計，ICレコーダー，カーナビ，携帯音楽プレーヤーがあります。現在，スマートフォンをすでに持っている人々の割合が高いことを考えると，スマートフォンはこれらの業界の収益性に少なからず影響を与えているといえそうです。

④　買い手の交渉力

　買い手は，製品・サービスの価格引き下げを迫ったり，より高い品質・サービスを要求したりするなどして，交渉力を行使することができます。買い手の交渉力が大きくなるケースとしては，次のような場合があります。

- 買い手の集中度が高く，大量購入する。
- 買い手の購入する製品が買い手のコストまたは購入物全体に占める割合が高い。
- 買い手の購入する製品が標準品または差別化されていない。
- 当該製品のスイッチング・コストが低い。
- 収益が低く，購入コストをできるだけ低く抑えようとする。
- 買い手が川上統合に乗り出す姿勢を示している。
- 売り手の製品が買い手の製品の品質にあまり関係がない。
- 買い手が当該企業の製品情報を持っている。

　たとえば，鉄鋼業界にとっての主要な買い手に自動車業界があります。自動車業界は寡占化が進んでいること，自動車は原材料に占める鉄の割合が高く，必然的に自動車メーカーの購入物全体に占めるコストの割合が高くなること，

海外進出する場合に現地企業と取引するケースがあることを考慮すると，鉄鋼業界にとっての買い手である自動車メーカーの交渉力が大きいといえます。

⑤　売り手の交渉力

売り手は，価格を引き上げる，品質を低下させることにより，交渉力を行使することができます。ただし，ここで売り手という場合，通常は「企業（会社)」を想定していますが，「労働力」も売り手に含めて考えることができる点にも留意する必要があります（ポーター［1995］)。こうした売り手の交渉力が大きくなるのは，次のような場合です。

- 売り手の業界が少数の企業によって支配されており，買い手の業界よりも集中度が高い。
- 売り手の製品に代替品が存在しない。
- 買い手の業界が売り手にとってそれほど重要ではない（売り手は多数の買い手を持っている)。
- 売り手の製品が買い手の事業にとって重要である。
- 売り手の製品が差別化された特殊な製品であり，変更するとスイッチング・コストが高くつく。
- 売り手が川下統合に乗り出す姿勢を示している（買い手側に対して取引の譲歩を要求しようとする)。

たとえば，売り手の交渉力が大きい業界にパソコン業界があります。この業界では，パソコンを組み立てる上で重要な部品を供給しているマイクロソフトやインテルの交渉力が極めて大きいといえます。それは売り手としてのこれらの企業が供給するOSや半導体は，上記の条件の多くに当てはまるためです。特に，最後の条件についていえば，マイクロソフトはサーフェスを，インテルはウルトラブックを実際に発売しました。

以上のように，業界構造を分析するためには「狭義の競争環境」としての既存の競争業者だけではなく，潜在的な競争業者である新規参入者，代替品，売

り手や買い手といった「広義の競争環境」に注目する必要があります。これらの5つの競争要因のすべてが業界の収益性を決定づけ，最終的には企業の収益性にも影響を与えるのです。

(2) 戦略グループとは

以上のファイブ・フォース分析は，あくまでもある特定の業界の構造的要因を分析するためのフレームワークであるため，同一業界内における企業間の収益性の差異を説明することができないという限界があります。実際のところ，多くの業界にはいくつかの類似した戦略をとっている企業グループがあり，それらの企業グループ間において収益性の差異が生じているのが現実です。こうした同一の業界内における収益性の差異を説明する上で有用なのが，**戦略グループ**（strategic group）の概念です。

戦略グループは，競争戦略上とり得る複数の戦略次元（strategic dimensions）をもとに分類され，「各戦略次元上で同じか，あるいは類似の戦略をとっている企業のグループ（ポーター［1995］）」を指します。具体的な戦略次元として，専門度，ブランド志向度，プッシュ型かプル型か，流通業者の選択，品質，技術のリーダーシップ，垂直統合，コスト面での地位，サービス提供度，価格政策，力（財政力，営業力），親会社との関係，自国ならびに事業を行っている国の政府との関係等があります。戦略を策定する際に，このうちの2つの戦略次元を組み合わせて戦略グループ・マップを作成し，視覚的に理解することが大切です（**図表3−2**）。

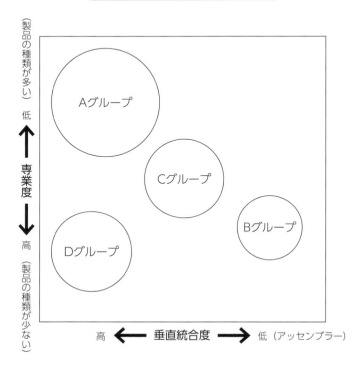

図表3−2　戦略グループ・マップ

（製品の種類が多い）　低

専業度

高　（製品の種類が少ない）

Aグループ

Cグループ

Bグループ

Dグループ

高　←　垂直統合度　→　低（アッセンブラー）

出所：ポーター［1995］185頁

　また，この戦略グループの概念を支えるのが**移動障壁**（mobility barriers）の概念です（Caves & Porter［1977］）。移動障壁とは，「企業が戦略上での一つの位置から，別の位置へ移動するのを妨げる要因」（ポーター［1995］）であり，同一業界内においてある企業が別の戦略グループに移動する際の障壁を指しています。この概念によって，ポーターは同一業界内における企業間の収益性の差，すなわち，非常に強力な移動障壁を持つ戦略グループに属する企業は，弱い移動障壁しか持たない戦略グループに属する企業に比べ，収益性が高くなる可能性を示唆したのです。

3　3つの基本戦略

⑴　3つの基本戦略

　ファイブ・フォース分析によって業界の構造的特性が把握できれば，これに基づいて競争優位を獲得するための戦略を策定します。ポーターは，競争優位を獲得するための戦略として，**コスト・リーダーシップ戦略**，**差別化戦略**，**集中戦略の3つの基本戦略**（three generic strategies）を提示しています（**図表3－3**）。

　コスト・リーダーシップ戦略は，業界全体を戦略ターゲットとし，同業他社よりも低コストの実現を追求する戦略です。この戦略の実行には，効率的な生産設備の導入，経験曲線効果の追求，零細な顧客との取引の回避，コストおよび間接諸経費の厳格な管理，R&Dやサービス，広告におけるコスト削減が必要です。たとえば，マクドナルドは，食材の大量仕入れや販売面における効率化を進めて圧倒的な低コストを実現しています。ニトリは，商品の製造から流通，販売までを一貫して自社で手掛けることによって徹底した低コスト化を進

図表3－3　3つの基本戦略

		戦略の有利性	
		顧客から認められる特異性	低コスト地位
戦略ターゲット	業界全体	差別化	コスト・リーダーシップ
	特定セグメント	集中	

出所：ポーター［1995］61頁をもとに筆者作成

めています。

　差別化戦略とは，業界全体をターゲットとして製品・サービスを競合他社と差別化し，業界内においてユニークだと見られるものを創造しようとする戦略です。基本的な差別化の手段には，製品設計やブランド・イメージの差別化，技術の差別化，製品特徴の差別化，顧客サービスの差別化，ディーラー・ネットワークの差別化などがあります。差別化を進める上では，単一の差別化要因だけではなく，複数の差別化要因を組み合わせるのが効果的です。たとえば，アップルはスマートフォンのデザインと機能で差別化して競合他社を圧倒しています。スターバックスはコーヒーのおいしさだけではなく，サード・プレイス（自宅でも会社・学校でもなく，快適に過ごせる場所）というコンセプトをもとにした差別化を進め，今日のポジションを獲得しました。

　集中戦略とは，ある特定の買い手グループや製品の種類，特定の市場などの狭いターゲットへ企業の経営資源を集中する戦略です。この戦略は，コスト優位を追求するか，または差別化優位を追求するかにより，コスト集中と差別化集中の２つの戦略に分類されます。たとえば，コンビニエンスストアのセイコーマートはほとんどの店舗を北海道に集中させ，かつ低コストで商品提供を行って北海道ナンバーワンのポジションを確立しています。ケンタッキーフライドチキンはオリジナルチキンという特定の商品に力を入れることで競合他社と差別化しています。

⑵　スタック・イン・ザ・ミドル

　ところで，上記の３つの基本戦略を実行するにあたって注意すべきことがあります。それは３つの基本戦略のいずれか１つを選択して，それを一貫して追求しなければならないということです。現実には，３つの基本戦略のうち，どれもうまく実行できない企業や複数の戦略を同時追求しようとした結果，中途半端な状況に陥る企業もあります。これらの企業は，競争優位を獲得するどころか，業界の平均以下の収益しか上げることができません。このように，複数の戦略を同時追求し，中途半端な状況に陥ることをスタック・イン・ザ・ミドル（stuck in the middle）といいます（図表３－４）。

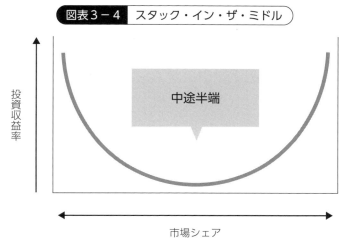

図表3－4　スタック・イン・ザ・ミドル

中途半端

投資収益率

市場シェア

出所：ポーター［1995］66頁をもとに筆者作成

(3)　3つの基本戦略のリスク

　3つの基本戦略はむろん万能薬ではなく，それぞれにリスクを併せ持っています。ポーターはそれらのリスクについて，次のように指摘しています。

　コスト・リーダーシップ戦略のリスクとして，過去の投資や習熟が無駄になるような技術の変化，競合他社による模倣や最新鋭の生産設備への投資を通じて，低コストの地位を失う等があります。また，コストばかりに注意を払うあまり，製品やマーケティングを変更するタイミングを逸してしまうことも少なくありません。

　差別化戦略のリスクとして，コスト優位を実現した企業とのコスト差があまりに大きくなってしまい，差別化の優位性がなくなってしまう場合があります。また，差別化要因に対して顧客ニーズが落ち込んでしまったり，競合他社による模倣によって顧客が差異を認識できなくなってしまったりする場合もあります。

　集中戦略のリスクには，特定のセグメントと業界全体とで要望される製品・サービスの品質や特徴面の差がどんどん小さくなってしまうリスクがあります。さらには，集中戦略に成功して特定セグメントを支配したものの，勢いづいて

より一層の売上増という成長を狙うことにより，集中戦略が曖昧になってしまうこともあります。

4　価値連鎖分析と活動システム・マップ

(1)　価値連鎖分析

　企業は３つの基本戦略を実行することで競争優位を獲得しようとしますが，それは企業が行うさまざまな活動を通じて実現されます。すなわち，**競争優位**は「会社がその製品を設計し，製造し，マーケティングをやり，流通チャネルに送り出し，各種のサービスをやる，といった多くの別々の活動から生まれてくる」のです（ポーター［1985］）。コスト優位や差別化優位といった競争優位の源泉は企業を全体として観察することによって理解することは難しいため，企業を戦略的に重要な活動に分解する必要があります。こうした企業の競争優位の源泉を把握する際に有用なフレームワークに**価値連鎖分析**（value chain analysis）があります（**図表３−５**）。

　価値連鎖は価値創造プロセス全体の流れを示すものであり，主活動とそれを支える支援活動から成り立っています。主活動は，実際に顧客が手にする製

図表３−５　価値連鎖分析

支援活動

全般管理（インフラストラクチャー）

人事・労務管理

技術開発

調達活動

主活動

購買物流 / 製造 / 出荷物流 / 販売・マーケティング / サービス

マージン

出所：ポーター［1985］49頁

40

品・サービスが直接生み出されていく活動であり，そこには購買物流，製造，出荷物流，販売・マーケティング，サービスが含まれています。こうした主活動を支えるのが調達活動，技術開発，人事・労務管理，全般管理という4つの支援活動です。

　価値連鎖分析の要は，「相互に依存した活動システム」として企業を捉える点にあります。なぜなら，競争優位は企業内の個々の活動自体からも生まれますが，同時に，活動間の連結関係からも生まれることが多いからです。連結関係とは，「1つの活動の実績と，他の活動のコストまたは成果との間の関係」です。たとえば，購買物流において，製造の手間を省くことができるように成形された原材料を購入すれば，製造プロセスを簡素化することができます。こうした企業内部または企業外部（サプライヤーや流通チャネル等）との連結関係こそが競争優位の獲得に貢献するのです。

(2)　活動システム・マップ

　以上のように，ポーターは競争優位の源泉を把握するフレームワークとして価値連鎖分析を提唱しましたが，その後，**活動システム・マップ**（activity system map）を用いて**戦略的ポジション**と活動との関わりを説明しています（ポーター［2011a］）。ポーターによれば，「戦略の本質は活動にあり，独自の活動なくして真の戦略はつくれない」とした上で，戦略的ポジションを獲得するためには，競合他社と異なる活動を選択する必要があるとしています。つまり，戦略的ポジションを実現するためには，それにふさわしい活動が必要ですが，活動システム・マップは，これらの一連の活動において戦略的ポジションがどの程度考慮されているのかを示すものです。そこで，彼はイケアの活動システム・マップを用いて同社の戦略的ポジションと活動との関わりを示しています（**図表3－6**）。

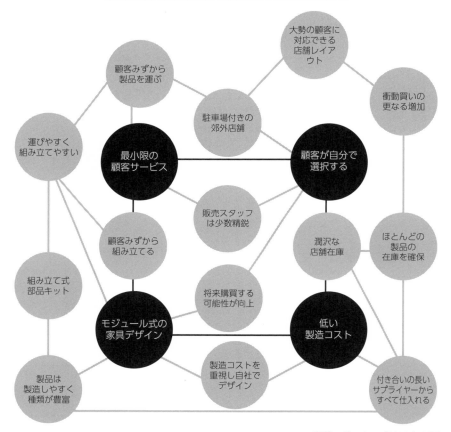

図表3－6　イケアの活動システム・マップ

大勢の顧客に
対応できる
店舗レイア
ウト

顧客みずから
製品を運ぶ

衝動買いの
更なる増加

運びやすく
組み立てやすい

駐車場付きの
郊外店舗

最小限の
顧客サービス

顧客が自分で
選択する

販売スタッフ
は少数精鋭

顧客みずから
組み立てる

潤沢な
店舗在庫

ほとんどの
製品の
在庫を確保

組み立て式
部品キット

将来購買する
可能性が向上

モジュール式の
家具デザイン

低い
製造コスト

製品は
製造しやすく
種類が豊富

製造コストを
重視し自社で
デザイン

付き合いの長い
サプライヤーから
すべて仕入れる

出所：ポーター［2011a］68頁

　イケアの活動システム・マップ上にある黒の円は戦略的ポジションを獲得す
る上で重要となる高次元の戦略テーマを，そしてグレーの円は高次元の戦略
テーマと密接に結びついた一群の活動を示しています。イケアがターゲットに
している顧客は，低価格でデザイン性に優れた家具を求める若い世代です。こ
うしたターゲットのニーズに応えるために，同社は一般的な家具店とは異なる
独自の活動を組み合わせることによって優れた戦略的ポジションを獲得してい
ます。具体的には，「最小限の顧客サービス」，「顧客が自分で選択する」，「モ

ジュール式の家具デザイン」,「低い製造コスト」といった高次元の戦略テーマと密接に結びついたさまざまな活動が1つのシステムを形成し，各々が一貫性ある活動を実現しています。さらに，これらの各活動が一貫性を有して相互に補強し合い，活動の相互依存性を高めています。こうした高い相互依存性は競合他社からの模倣困難性を高めることにつながりますが，この結果，同社は持続的競争優位を獲得することができるのです。

> **コラム** | 競争地位別戦略
>
>   本章では業界内における戦略的ポジションにフォーカスする競争戦略の考え方を取り上げましたが，マーケティング研究にも業界内におけるポジションにフォーカスする競争地位別戦略があります。競争地位別戦略では，業界内の企業のタイプを経営資源の量と質により，**リーダー**（leader），**チャレンジャー**（challenger），**ニッチャー**（nicher），**フォロワー**（follower）の4つに類型化しています。以下，嶋口［1986］をもとに競争地位別戦略について概観することにしましょう。
>
>   まず，リーダーは当該対象市場内で最大の相対的経営資源を持つ企業であり，かつ最大の市場シェアを有する企業のことです。次に，チャレンジャーはリーダーに準ずる相対的経営資源を持ち，しかもリーダーとの市場シェア争いを行う意欲も持っている企業のことです。フォロワーは相対的経営資源や意欲の面で積極的に市場シェアを狙う位置にはなく，独自性も有していない企業のことです。最後に，ニッチャーは相対的経営資源や意欲の面でリーダーを狙う位置にはありませんが，経営資源の質においてなんらかの独自性を有している企業のことです（図表3−7）。
>
>   上記の4つに類型化された企業はどのような戦略をとればよいのでしょうか？以下，具体的に見ていくことにしましょう。
>
>   リーダーは，市場シェア，利潤，名声・イメージの確保を目標とするため，

図表3−7 競争地位の類型化と競争戦略の定石

質＼量	大	小
高	リーダー	ニッチャー
低	チャレンジャー	フォロワー

43

競争優位の類型	市場目標	基本方針
リーダー	最大シェア 最大利潤 名声・イメージ	全方位
チャレンジャー	市場シェア	差別
フォロワー	生存利潤	模倣
ニッチャー	利潤 名声・イメージ	集中

出所：嶋口［1986］99頁および101頁をもとに筆者作成

ターゲットを限定しない全方位型が基本方針になります。リーダーがとる具体的な戦略としては，①周辺需要拡大（周辺需要が拡大すれば，最も市場シェアを確保しているリーダーが多くの利潤を獲得できる），②同質化（チャレンジャーの差別化を同質化できれば，経営資源の面で相対的に優れているリーダーが競争上有利になる），③非価格対応（低価格競争が生じると，最も市場シェアを確保しているリーダーが大きな利潤減になるため，価格対応はしない），④最適シェア維持（独占禁止法に違反しない範囲で最も効率的な市場シェアを維持する）があります。

チャレンジャーは，市場シェアの確保という目標を実現するためにリーダーと同じターゲットを狙わなければなりませんが，リーダーとは異質の差別化戦略をとる必要があります。この際，リーダーはほぼ例外なくチャレンジャーの差別化を同質化しようとするため，製品，価格，流通，販売の面でリーダーの同質化を困難にする仕組みをつくることが重要です。

フォロワーは，相対的経営資源や意欲の面から考えるとリーダーやチャレンジャーと競合するのではなく，むしろこれらの企業の優れた実践を模倣する模倣戦略をとります。ただし，短期間のうちに模倣対象の品質や技術を完全に模倣することは難しいため，機能やサービスを削減するなどして節約した分を価格に反映させ，ローエンド市場で活かすのが基本方針になります。

ニッチャーは，基本的には将来有望な市場を狙うものの，市場細分化を通じてある特定のセグメントに強みを徹底的に集中することにより，リーダーやチャレンジャーとの競争を回避することが基本方針になります。このため，ニッチャーの戦略では，ニーズを狭め，さらにある特定の顧客にターゲットを設定し，そのターゲットに対して特定の専門ノウハウ（強み）で集中化します。

📖 参考文献

- Caves, R. E. [1964] *American Industry: Structure, Conduct, Performance*, Prentice-Hall.（安井琢磨・熊谷尚夫監修，小西唯雄訳『産業組織論』東洋経済新報社，1968年）
- Caves, R. E. & Porter, M. E. [1977] From Entry Barriers to Mobility Barriers: Conjectural Decisions and Contrived Deterrence to New Competition, *Quarterly Journal of Economics*, Vol.91, pp. 241-261.
- Porter, M. E. [1980] *Competitive Strategy:Techniques for Analyzing Industries and Competitors*, Free Press.（土岐坤・中辻萬治・服部照夫訳『[新訂] 競争の戦略』ダイヤモンド社，1995年）
- Porter, M. E. [1985] *Competitive Advantage: Creating and Sustaining Superior Performance*, Free Press.（土岐坤・中辻萬治・小野寺武夫訳『競争優位の戦略：いかに高業績を持続させるか』ダイヤモンド社，1985年）
- Porter, M. E. [1996] What Is Strategy ?, *Harvard Business Review*, Nov-Dec, pp. 61-78.（編集部訳「戦略の本質：「何をすべきか」，そして「何をすべきでないか」」『DIAMONDハーバード・ビジネス・レビュー』June，2011a年）
- Porter, M. E. [2008] The Five Competitive Forces That Shape Strategy, *Harvard Business Review*, January, pp. 79-92.（編集部訳「[改訂] 競争の戦略：5つの競争要因から業界構造を分析し，戦略を立案する」『DIAMONDハーバード・ビジネス・レビュー』June，2011b年）
- 嶋口充輝 [1986]『統合マーケティング：豊饒時代の市場志向経営』日本経済新聞出版社。

第4章

経営資源と競争優位

　どのような経営資源が持続的競争優位を企業にもたらすのでしょうか？　本章では，経営資源や組織能力こそが競争優位の源泉であるという考え方（リソース・ベースト・ビュー）を紹介し，この問いに答えられるようになることを目的とします。まず本章では，経営資源や組織能力，競争優位の定義を解説し，競争優位を目指す戦略の型についても学習します。経営資源にはヒト・モノ・カネ・情報の4種類があり，これらの組み合わせを組織能力と呼びます。企業は競争優位や競争均衡，競争劣位のいずれかの状態にあり，競争優位を目指す戦略の型として差別化戦略やコスト・リーダーシップ戦略などがあります。差別化戦略とは競合他社よりも高い価値を提供する戦略であり，コスト・リーダーシップ戦略は競合他社よりも低コストを追求する戦略です。事例を通じてこれらの定義に腹落ちした上で，冒頭の問いに答えるVRIOフレームワークを紹介します。VRIOは経営資源に「価値があるか？」や経営資源が「希少か？」，「模倣困難か？」，経営資源を「うまく活用する組織か？」という4つの問いを意味しており，これらの問いにYesと答えられるほど，企業は持続的競争優位を享受できます。

1　ファイブ・フォース分析の限界

　第3章で学んだポーター（Porter, M. E.）のファイブ・フォース分析は，新規参入企業や競合他社，代替品，買い手，売り手による脅威が業界の魅力度，すなわち利益水準を低下させるというフレームワークでした。ファイブ・

フォース分析は企業のポジショニングを考える上で有用なツールである一方，「競合他社よりも高い利益を上げる企業がなぜ存在しているのか？」という問いには答えてくれません。なぜなら，ファイブ・フォース分析は企業の外にある脅威を分析する外部環境分析のツールであり，企業の中にある競争優位の源泉を分析する内部環境分析のツールではないからです。

このようなファイブ・フォース分析の限界を踏まえて，バーニー（Barney, J. B.）が提唱したのがリソース・ベースト・ビュー（resource based view：RBV）です。リソース・ベースト・ビューは企業の経営資源や組織能力が競争優位の源泉であることを命題とした内部環境分析の考え方です。この考え方は，資源の異質性（heterogeneity）と資源の固着性（immobility）という2つの重要な前提があります。資源の異質性とは，各々の企業が異なる経営資源を持っていることです。他方，資源の固着性は特定の経営資源を持たない企業がその経営資源を獲得したり，開発したりするのには多くの時間や費用がかかり，その経営資源が容易に普及しないことを指します。この2つの前提が満たされる状況ほど，リソース・ベースト・ビューが企業の競争優位の多くを説明することになります。

本章ではまず，経営資源の定義と種類を説明します。その上で，特定の経営資源がどのような競争優位を生み出すのか，あるいは生み出さないのかを分析するVRIO（ブリオ）フレームワークを後半で紹介します。

2　経営資源とはなにか？

(1)　経営資源の定義

経営資源（resources）とは，戦略を構想し，実行するために利用される企業の有形資産（tangible asset）や無形資産（intangible asset）です。有形資産は生産設備や人材，建物，情報システムなどであり，無形資産はブランド，特許，組織文化などです。他方，第5章で学ぶ組織能力は，他の経営資源を最大限活用するための経営資源の部分集合です（バーニー＆ヘスタリー［2020］）。たとえば，耐久性の高い自動車を設計する組織能力は社内外の関係者との協力関係を育む組織文化やスキルのあるエンジニアといった経営資源が組み合わ

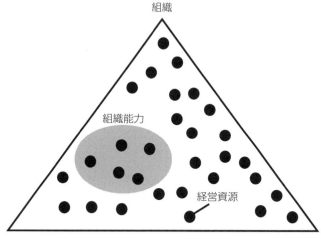

図表4－1　経営資源・組織能力・組織

組織

組織能力

経営資源

出所：筆者作成

さったものです。図表4－1は経営資源と組織能力と組織の関係性を表した図です。組織の中には多数の経営資源がありますが，いくつかの経営資源を組み合わせると組織能力が生まれます。逆に，すべての組織能力はいくつかの経営資源に分解できます。

(2)　経営資源の種類

①　ヒト（人的資源）

ヒトの経営資源は経営者や従業員（正社員，契約社員，パート・アルバイトを含む）のスキルや能力であり，人的資源（human resources）と呼ばれます。たとえば，生命保険は人生で2番目に大きな買い物といわれますが，1番目の家や3番目の自動車と異なり，商品そのものでの差別化が難しい商品です。そのため，生命保険会社は信頼感や社交性の高い魅力的な人材を採用し，営業職員として育成することで，「この人から生命保険を買いたい」と顧客に思わせようとしています。

② モノ（物的資源）

　モノの経営資源は土地や工場，設備，情報システムなどであり，これらは物的資源（physical resources）と呼ばれます。たとえば，銀行は勘定処理を行うシステムやATM関連システムなどの情報システムを用いて主要業務を行っています。みなさんがATMを使うときに出金できなかったり，残高が誤っていたり，振り込んでも相手へ届かなかったりしたら大変です。そのため，銀行は信頼性の高いシステムの構築に，多額の費用と長い年月をかけて開発しています。情報システムは銀行にとって最も重要な物的資源なのです。

③ カネ（金融資源）

　カネの経営資源は現金や債権，株式などの金融資源（financial resources）です。金融資源を豊富に持っていれば，積極的に事業へ投資できます。また，物的資源や金融資源は企業の返済能力を裏付けるため，銀行から低い金利で融資を受けられます。富士フイルム株式会社はかつて世界一の売上を誇る写真フィルムメーカーに成長しました。しかし，デジタルカメラや写真機能付きの携帯電話の普及により，写真フィルムの需要は2000年をピークに大きく右肩下がりになりました。富士フイルムは写真フィルム事業で培った技術をもとに画像診断装置やデジタルカメラ，半導体素材，医薬品，化粧品など，数多くの事業を生み出しました。このような多角化を富士フイルムが実現できたのは技術だけでなく，写真フィルム事業で得た豊富な金融資源があったからとも捉えることができます。富士フイルムは数多くのM&A（合併・買収）を行い，多額の研究開発費をかけてこれらの事業を育成しました。資金的な余裕がなければ実現できなかったでしょう。このような資金的な余裕は財務スラック（financial slack）と呼ばれ，成果が不確実な長期投資を促すことがわかっています。

④ 情報資源

　情報の経営資源は顧客からの評判やブランド，顧客やビジネス・パートナーとのつながり，社内のつながりなどの情報資源（informational resources）です。花王グループの販売会社である花王グループカスタマーマーケティング株式会社はドラッグストアやスーパーマーケット，ホームセンターといった小売

業と密接につながることで，消費者へ効果的に訴求し，売上を伸ばしています。同社の営業担当者は頻繁に卸先の店舗を訪れ，販売データや立地の特性に基づいたコンサルティング型の営業を行っています。小売店の売上を伸ばし，ひいては花王の売上を伸ばすような棚のレイアウトやキャンペーンなどを店舗の担当者に提案することで，「花王さんに任せれば，うちの売上が伸びる」と思ってもらえます。そうすると，花王の製品やキャンペーンを目立ちやすい場所に配置することができます。小売店とのつながりは花王グループにとって重要な情報資源なのです。

3 経営資源と競争優位

(1) 競争優位とは

　競争優位とは競合他社より高い価値を提供できる状態，競合他社より低いコスト（費用）で生産できる状態，あるいは競合他社よりも高い価値を低いコストで提供できる状態を指します。ポーターは1つめの状態を目指す戦略を差別化戦略，2つめの状態を目指す戦略をコスト・リーダーシップ戦略と呼んでいます（ポーター［1985］）。

① 差別化戦略

　差別化戦略（differentiation strategy）は競合他社より高い価値を提供することを目指す戦略です。企業の製品やサービスが差別化されていると，顧客はその企業の製品・サービスを選好し，競合他社の製品・サービスよりも高い金額を支払ってもよいと考えます。たとえば，愛知ドビー株式会社の鋳物ホーロー鍋「バーミキュラ」は「世界一，素材本来の味を引き出す鍋」をコンセプトに，無水調理や蒸気対流，遠赤外線加熱，高い熱伝導など普通の鍋にはない機能を特徴としています。バーミキュラの鍋でカレーを無水調理すると，野菜本来の旨みが凝縮した絶品に仕上がります。無水調理ができるのは日本の熟練の職人が一品一品を高度な技術で鋳造し，0.01 mm単位の精度で削り，均一にホーロー加工を施し，800℃で3度の焼成をしているからです。バーミキュラは製品への熱い想いと経験を持った日本の職人という人的資源により熱狂的な

ファンを獲得しています。

② コスト・リーダーシップ戦略

コスト・リーダーシップ戦略（cost leadership strategy）は競合他社より低コストを追求する戦略です。下げるのは価格ではなくコストであることに注意してください。セブン銀行は全国のセブン-イレブンなどにATMを設置し、顧客や提携銀行から徴収したATM利用料を主な収益源としています。たとえば、みなさんがセンリャク銀行にお金を預けているとしましょう。センリャク銀行のATMが近くにないので、提携しているセブン銀行のATMを利用することにしました。残高照会や預金の預け入れ、引き出しを行うとセンリャク銀行からセブン銀行へATM利用料が支払われます。また、曜日と時間帯によってはみなさんもATM利用料をセブン銀行へ支払う必要があります。ではなぜ、センリャク銀行はATM利用料を支払ってまでセブン銀行と提携しているのでしょうか？ それは自前でATMを設置・運営するには場所代や警備、現金の回収・補充、ATMの生産・メンテナンスなど多大な手間やコストがかかってしまうからです。他方、セブン銀行はグループ会社が運営するセブン-イレブンにATMを設置することで、場所代や警備費を節約しています。全国津々浦々にあるセブン-イレブンの店舗網という経営資源がセブン銀行のコスト・リーダーシップ戦略を成功させています。

③ 高い価値と低いコストの両方を追求する戦略

競合他社よりも高い価値を低いコストで提供することを目指す戦略はスタック・イン・ザ・ミドル（第3章参照）に陥るため、かつての競争戦略論の考え方では悪手と捉えられてきました。経営資源には限りがあり、価値かコストのどちらかで競合他社に勝るのがせいぜいだろうと考えられたからです。しかしながら、近年の研究の蓄積により、高い価値と低コストの両方を実現できることが明らかにされています。たとえば、第12章で紹介するブルー・オーシャン戦略（blue ocean strategy）はその好例です。インターネット専業生命保険会社であるライフネット生命保険株式会社は従来の生保から営業職員という経営資源を取り除く一方で、スマートフォンでも使いやすいWebサイトという経

営資源を増やしました。営業職員を雇用しないことでコストを押し下げながら，わざわざ営業職員に会わなくても契約できるという新しい価値を提供し，特に子育て世代から支持を得ています。

(2) 競争均衡と競争劣位

競争優位の関連用語として，競争均衡と競争劣位についても紹介しておきましょう。**競争均衡**（competitive parity）とは競合他社と同じ価値を同じコストで提供している状態を指します。ある企業が特定の経営資源によって競争優位を築いても，競合他社が同一あるいは代わりになる経営資源を獲得・活用すれば競争均衡に移行してしまいます。また，**競争劣位**（competitive disadvantage）は競争優位の反対語で，競合他社と比べて同じコストで低い価値を提供している状態や同じ価値を高いコストで提供している状態，低い価値を高いコストで提供している状態を指します。

4 VRIOフレームワークと持続的競争優位

経営戦略の目的は企業が持続的競争優位を獲得し，競合他社よりも高い業績を上げることです。では，企業に「持続的な」競争優位をもたらす経営資源はどのようなものでしょうか？　その答えは，バーニーが提唱したVRIOフレームワークによって明らかにすることができます。このフレームワークは価値があり（valuable），希少で（rare），模倣困難な（inimitable）経営資源を持ち，それをうまく活用できる組織（organization）が持続的競争優位を享受できることを命題としています。VRIOはこれら4つの問いの頭文字です。以下，それぞれの問いについて見てみましょう。

① Vの問い──価値があるか？

Vの問いは「その経営資源は売上を増やす，または，コストを減らすか？」と換言できます。Vの問いの答えがYesであれば，少なくとも競争均衡をもたらすことが予測されます。たとえば，セブン銀行にとってセブン-イレブンの店舗網は価値のある経営資源でしょうか？　セブン-イレブンは24時間営業で

全国津々浦々にあるため，顧客が店舗をすぐに見つけたり，訪れたりできます。この「見つけやすくて，近くて，いつでも利用できる」という価値がATMの利用者数と利用頻度を増やします。また，セブン-イレブンでの買い物のついでにATMで現金を引き出したり，nanacoへチャージしたりすることもあるでしょう。ゆえに，セブン-イレブンの店舗網はATMの利便性を高め，利用者数や利用回数を増やし，ひいてはATM利用料の収入を増やします。また，コスト面はどうでしょうか？　セブン銀行はセブン-イレブンへATMの設置・管理のための手数料を支払っていますが，それでも自前でATMを設置・管理するよりも安上がりなはずです。したがって，セブン-イレブンの店舗網はATMの設置・管理コストを削減しているといえます。ですから，Vの問いにはYesと答えることができます。

②　Rの問い──希少か？

　Rの問いは「現在，その経営資源を持っている競合他社はごくわずかか？」と置き換えられます。VとRの問いの答えがともにYesであれば，少なくとも一時的な競争優位を築くことが予想されます。セブン銀行のように「見つけやすくて，近くて，いつでも利用できる」ATM網を持っている銀行は他にあるでしょうか？　都市銀行や信託銀行，地方銀行のATMは支店や駅前のATM専用店舗，ショッピングモールなどにありますが，営業時間が限られていたり，わざわざ遠くまで出かけないと利用できなかったりします。住信SBIネット銀行や楽天銀行などのインターネット専業銀行はそもそも独自のATM網を持っていません。セブン銀行と同じ流通系銀行のイオン銀行もグループで運営しているイオンやマックスバリュ，ミニストップなどにATMを設置していますが，セブン-イレブンの店舗数には遠く及びません。そのため，セブン銀行のようなATM店舗網を持っている企業はファミリーマート，ローソン銀行，ゆうちょ銀行しかありません。なお，ファミリーマートは店舗内にゆうちょ銀行のATMや約50行の共同ATMであるイーネットATMを設置しています。したがって，Rの問いにはYesと答えられます。

③　Ｉの問い——模倣困難か？

　Ｉの問いは「その経営資源を持っていない企業が直接的複製や代替によって模倣しようとすると，すでに持っている企業よりも多くの時間と費用がかかるか？」と具体化できます。直接的複製は同じ方法で模倣することであり，代替は異なる方法で模倣することです。たとえば，ある大学が寿司職人を雇い，学食で学生にお寿司を提供しているとします。それを知った競合の大学が寿司職人を雇うことは直接的複製による模倣といえます。一方，競合の大学がお寿司を仕入れて学食内で販売することは代替による模倣です。ＶとＲとＩの問いの答えがいずれもYesであれば，その経営資源は持続的競争優位性をもたらす可能性があります。

　セブン銀行の例で考えてみましょう。都市銀行や地方銀行がセブン銀行のような「見つけやすくて，近くて，いつでも利用できる」ATM網を模倣するにはどれだけの時間や費用がかかるでしょうか？　セブン銀行ほど低コストで整備することは困難です。それゆえ，Ｉの問いにはYesと答えられます。

④　Ｏの問い——うまく活用する組織か？

　Ｏの問いは「その経営資源を最大限に活用する組織が整備されているか？」と換言できます。いかに価値があって希少で模倣困難な経営資源を保有していても，組織でうまく活用されなければ無意味です。たとえば，自社の独自技術が魅力的な新規事業を生み出す可能性に，ある技術者が気付いていたとします。既存事業への貢献度だけで評価し，新しいことを嫌う風土の組織ではどうでしょう。技術者が経営者にアイデアを伝えることをためらうかもしれません。経営資源の持つ競争優位のポテンシャルを最大限に発揮できるようマネジメントするのも経営者の仕事です。Ｏの問いの答えがYesであれば，Ｖ・Ｒ・Ｉの問いが予測する優位性（すなわち持続的競争優位・一時的競争優位・競争均衡）を実現できるでしょう。一方，Noであれば，Ｖ・Ｒ・Ｉの問いが予測する優位性（あるいは競争均衡）は実現できません。Ｏの問いは経営資源ではなく組織を評価していること，ならびに，Ｖ・Ｒ・Ｉの問いと補完的な関係にあることに注意してください。

以上，本章では，ファイブ・フォース分析の限界を踏まえつつ，経営資源が
もたらす競争優位性を予測するVRIOフレームワークを紹介しました。経営資
源にはヒト・モノ・カネ・情報の４種類があり，すべての組織能力は経営資源
に還元できます。個々の経営資源がどのような競争優位をもたらすのかについ
てはVRIOの問いに答えることで明らかになります。企業が持続的競争優位を
得るためには価値があり，希少で，模倣困難な経営資源を持ち，その経営資源
を効果的に活用するための組織づくりが必要になります。

コラム	ポジショニングと経営資源はどちらが重要か？

　経営戦略論の古典的議論の１つに「ポジショニングと経営資源はどちらのほう
が企業収益の説明要因として重要か？」というポーターとバーニーの論争があり
ます。ポーターは脅威の少ないポジションへの立地こそが重要だと考えるのに対
し，バーニーは優れた経営資源の保有こそが重要であると捉えていたからです。
共分散分析という統計手法を用いて数々の実証研究が行われましたが，ポジショ
ニングも経営資源もどちらも大事であることが示されました。本書の読者にとっ
て，この結果は当然かと思います。

　もっとも，よりおもしろい問いは「企業収益の説明要因としてポジショニング
や経営資源はどのような場合に重要になるか？」ではないでしょうか。このよう
な境界条件（boundary condition）を考える際は理論の前提に注目するとよい
でしょう。ポジショニングによる競争優位の前提は，第３章で紹介したSCPパ
ラダイムです。たとえば，ソフトウェア業界のように業界構造が複雑で変化しや
すく，さまざまな企業による多様な企業行動が偶発的に生じるような業界ではど
うでしょうか？　同じポジショニングをとる企業間でも収益のばらつきが大きそ
うです。

　他方，経営資源による競争優位の前提は「資源の異質性と固着性」でした。た
とえば，クリーニング業界のように企業が保有する経営資源が同質的で，ベスト
プラクティスが普及しやすい業界ではどうでしょうか？　経営資源による競争優
位の説明力は高くなさそうです。本書ではさまざまな経営理論が紹介されますが，
前提が明示されている理論もあれば，そうでない理論もあります。暗黙的な前提
も推測しつつ，その前提がどのような状況で成り立つかについても考えると理解
が深まります。

📖 参考文献

- Barney, J. B. & Hesterly, W. S. [2020] *Strategic Management and Competitive Advantage: Concepts* [Global Edition], (*6th ed.*), Pearson. (岡田正大訳『[新版] 企業戦略論（上）基本編：戦略経営と競争優位』ダイヤモンド社，2021年)
- Porter, M. E. [1980] *Competitive Strategy: Techniques for Analyzing Industries and Competitors*, Free Press. (土岐坤・中辻萬治・服部照夫訳『[新訂] 競争の戦略』ダイヤモンド社，1995年)
- Porter, M. E. [1985] *Competitive Advantage: Creating and Sustaining Superior Performance*, Free Press. (土岐坤・中辻萬治・小野寺武夫訳『競争優位の戦略：いかに高業績を持続させるか』ダイヤモンド社，1985年)

第5章

組織能力と競争優位

第4章では，競争優位の源泉としての経営資源に注目して議論しました。本章では，その発展型としての組織能力について理解を深めます。まず，経営資源と組織能力との違いを踏まえながら，組織能力の概念について説明します。次に，コア・コンピタンス（core competences）とダイナミック・ケイパビリティ（dynamic capabilities）に関する代表的な組織能力研究について概説します。

1　競争優位の源泉としての組織能力

経営資源という用語は，しばしば**組織能力**を包含する概念として使用されますが，経営資源と組織能力を概念的に区別している研究者もいます。両概念の違いを簡潔に述べれば，経営資源とは戦略を構想し，実行するために利用される企業の有形資産や無形資産です。これに対して，組織能力とはそうした経営資源を獲得したり，活用したりする能力を意味します。

企業の競争優位をめぐる研究が蓄積されていく中で，その焦点は「競争優位に結びつく経営資源の特徴と条件」を明確にすることから，「競争優位に結びつく経営資源を効果的に獲得し，活用するプロセス」へと移行していきました。このプロセスにおいて重要な役割を果たすのが組織能力ですが，1990年代以降，組織能力こそが企業の競争優位の源泉であるという理解がなされるようになりました。

企業の経営活動は，ヒト，モノ，カネ，情報といった経営資源を生産活動に

投入し，企業内部でこれらの経営資源を組み合わせて活用することで，製品・サービスを生産し，それらを市場で顧客に販売するという一連のプロセスからなります。すなわち，経営資源は顧客にとっての価値を生み出すために，製品・サービスの生産過程に投入されるインプットです。企業がどれほど豊富な経営資源を持っているとしても，それだけでは競争優位を実現することはできません。この点で，組織能力とは「経営資源を蓄積，統合，活用し，製品・サービスを生み出す能力」といった定義が可能です（藤田［2007］）。

　実際に，企業内には研究開発，調達，生産，販売といったさまざまな機能を担当する部門が存在します。そして，それらの部門が統合され，効果的・効率的に機能してはじめて顧客価値の創造が実現されるのです。このように，組織能力とは，「さまざまな部門から得られる機能や資源を全体として統合して，顧客にとっての価値を実現する能力」としても理解できます（グラント［2008］）。

　以上のように，「組織能力とはなにか？」については，各研究者が各自の視点から定義し，議論してきました。これらの議論に共通しているのは，組織能力とはさまざまな経営資源を効果的に組み合わせる能力であり，企業が競争優位を実現する上で極めて重要な要因であるということです。

2　コア・コンピタンス経営

(1)　コア・コンピタンスとは

　競争優位の源泉となり得る組織能力として，ビジネスの現場で広く知られているのが**コア・コンピタンス**と呼ばれる概念です。この概念の提唱者であるハメル（Hamel, G.）とプラハラード（Prahalad, C. K.）によれば，コア・コンピタンスとは，「顧客に対して，他社にはまねのできない自社ならではの価値を提供する，企業の中核的な力」です（ハメル＆プラハラード［1995］）。

　コア・コンピタンスを特定するためには，以下の3つの要件について吟味する必要があります（ハメル＆プラハラード［1995］）。

　① 広範かつ多様な市場へ参入する可能性をもたらすものか？

② 最終製品が顧客にもたらす価値に貢献するか？

③ 競合他社にとって模倣困難なものか？

　企業を大きな木にたとえて説明すると，果実や花のような我々の目に見える
ものは企業の最終製品や事業で，目に見えない地中で樹木全体をしっかりと支
えている根がコア・コンピタンスになります。言い換えると，コア・コンピタ
ンスは，個人や小さなチームに生まれる個々の特定の技術やスキルではなく，
長期的な活動により企業内に構築され，蓄積されるものです。

(2) 日本企業とコア・コンピタンス経営

　コア・コンピタンスという概念は，1980年代に急成長した日本企業を研究す
ることによって導出されました。ハメルとプラハラードは「1980年代の日本企
業がなぜ米国企業より強いのか，なぜ急速に成長し，国際競争力を持ったの
か？」という疑問に対して，「日本企業はさまざまな経営資源を事業横断的に
組み合わせ，活用する組織能力であるコア・コンピタンスを長い時間をかけて
地道に構築・蓄積してきたからである」と主張しました。すなわち，日本企業
の強みは，事業横断的な全社レベルの組織能力の構築に経営資源を集中するコ
ア・コンピタンス経営にあったと考えられます。

　ここで，日本企業のコア・コンピタンス経営の具体的事例を見てみましょう
（図表5－1）。まず，ホンダのコア・コンピタンスはエンジン技術であり，こ
れを活用して草刈り機や除雪機，自動車といったさまざまな事業に展開してい
きました。さらに，ソニーのコア・コンピタンスは小型化技術ですが，これを
もとにラジオやVTR，8ミリカメラ，ウォークマンを次々に開発していきまし
た。

　このように，コア・コンピタンスとは，企業独自の技術やノウハウによって
構築されるものを指します。また，コア・コンピタンスは長期的な企業活動に
より構築されるものであり，継続的な企業努力が求められます。言い換えれば，
企業の経営者は自社のコア・コンピタンスを明確にして，その構築に経営資源
を集中する必要があります。とりわけ，事業の再構築や多角化を進める場合に
は，自社のコア・コンピタンスを基盤にして事業展開することが重要になります。

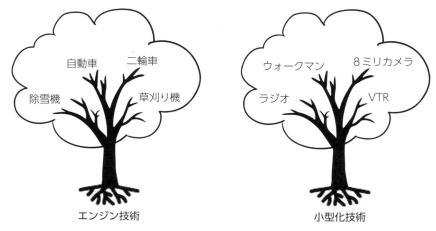

自動車　二輪車

除雪機　草刈り機

エンジン技術

ウォークマン　8ミリカメラ

ラジオ　VTR

小型化技術

出所：ハメル＆プラハラード［1995］をもとに筆者作成

　しかしながら，しばしば時間の経過や競争環境の変化によって，企業の競争優位の源泉としてのコア・コンピタンスが企業の弱みに転じてしまうことがあります。それは，過去の成功をもたらした経営資源や組織能力に固執するあまり，競争環境が急激に変化しているにもかかわらず，新たな戦略行動がとれなくなってしまうためです。レオナルド・バートン（Leonard-Barton, D.）は，過去の成功を生み出し競争優位の源泉となっていたコア・コンピタンスやコア・ケイパビリティ（core capabilities）が柔軟性を失ってイノベーションを阻害することを**コア・リジディティ**（core rigidities）という言葉を使って表現しています（Leonard-Barton［1992］）。

　たとえば，シャープはこれまで液晶技術を自社のコア・コンピタンスとみなして，液晶技術の構築と発展に経営資源を集中してきました。しかし，世界規模で液晶テレビの消費が低迷して，韓国や中国のメーカーとの価格競争が激しくなった中でも，シャープは引き続き液晶技術への過剰投資をしていました。結局，シャープは2011年から巨額赤字に転落し，やがて台湾の鴻海精密工業に買収されてしまったのです。

　では，企業がこうしたコア・リジディティの問題を克服し，激しい競争環境

の変化に対応して，長期間にわたる競争優位を獲得するにはどうすればよいのでしょうか？　このような問題意識を背景に，ティース（Teece, D. J.）他が提唱した概念がダイナミック・ケイパビリティです。

3　ダイナミック・ケイパビリティ

(1)　ダイナミック・ケイパビリティとは

　ティース他によれば，ダイナミック・ケイパビリティとは，「急速に変化する競争環境に対処するために，企業内外にある経営資源や能力を組み替える企業の能力」です（Teece et al.［1997］）。企業はダイナミック・ケイパビリティを保有することで，外部の競争環境の変化に応じて既存の経営資源や能力を組み替え，新たな能力を構築することによってコア・リジディティの問題を克服することができるとされています。

　ここでダイナミック・ケイパビリティが従来の組織能力とどのように異なっているのかを理解するために，オーディナリー・ケイパビリティ（ordinary capabilities）とダイナミック・ケイパビリティの2つの組織能力について比較することにしましょう（図表5－2）。

図表5－2　オーディナリー・ケイパビリティとダイナミック・ケイパビリティの相違点

	オーディナリー・ケイパビリティ	ダイナミック・ケイパビリティ
目的	ビジネス機能における技能的効率性	顧客ニーズ，技術的機会，ビジネス機会との一致の達成
獲得方法	買う，あるいは構築（学習）する	構築（学習）する
3つの構成要素	オペレーション，管理，ガバナンス	感知，捕捉，変容
重要なルーティン	ベストプラクティス	企業独自のプロセス
経営上の重点	コストコントロール	企業家的な資産の再構成　リーダーシップ
優先事項	ものごとを正しく行う	正しいことを行う
模倣可能性	比較的模倣できる	模倣できない
結果	技能適合力（効率性）	進化的適合力（イノベーション）

出所：ティース［2019b］邦訳132頁をもとに筆者作成

オーディナリー・ケイパビリティとは，現時点の日常的な業務や活動を効率的に実施する能力です。このようなオーディナリー・ケイパビリティは，企業が与えられた経営資源をより効率的に利用して，利益を最大化しようとする能力を意味します。一方，ダイナミック・ケイパビリティは，競争環境が変化した場合，オーディナリー・ケイパビリティ自体を修正したり，進化させたりするための能力です。ティースの表現を借りるならば，オーディナリー・ケイパビリティとは「ものごとを正しく行うこと」であり，ダイナミック・ケイパビリティとは「正しいことを行うこと」であるといえます。

(2)　ダイナミック・ケイパビリティの構成要素

　急速に変化する競争環境においてイノベーションを起こしたり，変化に対応したり，あるいは変化をもたらしたりするためには，ダイナミック・ケイパビリティが必要です。ダイナミック・ケイパビリティについてティースは，①**感知**（sensing），②**捕捉**（seizing），③**変容**（transforming）の3つの能力に分類しています（**図表5-3**）。

　まず，感知とは，変化する競争環境下で事業機会，脅威や危機を感知する能力です。この能力には，研究開発の推進による新しい技術の開発，サプライヤーや協力企業のイノベーションの活用，変化する顧客ニーズの特定といった企業活動が含まれています。

　次に，捕捉とは，新たな事業機会を捉えたり，その脅威に対処したりするために，企業内外の経営資源の組み替えや活用を通じて競争力の獲得につながる製品・サービスを開発して事業化する能力です。たとえば，既存の技術に修正をかけるために適切なタイミングで適切な技術に投資する能力や，新たに事業化する製品・サービスのビジネスモデルを考案し，必要な資源を企業外から調達するか，企業内で構築するかという企業境界を設定する能力が含まれます。

　最後に，変容とは，持続的な競争力を維持するために，経営資源や組織構造を刷新する能力です。たとえば，市場にある脅威と機会を迅速に認識し，意思決定ができるように，組織の分権化やオープン・イノベーション戦略を採用すること，知識移転や企業内外のノウハウの統合に関するナレッジ・マネジメントを推進することなどの企業活動が含まれています。

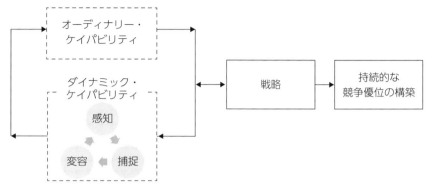

図表5−3 ダイナミック・ケイパビリティの概念図

オーディナリー・
ケイパビリティ

ダイナミック・
ケイパビリティ

感知

変容　捕捉

戦略

持続的な
競争優位の構築

出所：ティース［2019c］邦訳205頁をもとに筆者作成

(3)　富士フイルム株式会社の事例

　ダイナミック・ケイパビリティの成功例としては，日本の富士フイルム株式
会社（以下，富士フイルム）が挙げられます。富士フイルムの主力事業は，創
業から1990年代まで，写真フィルムや印画紙などの写真関連事業でした。写真
関連事業は同社の売上の約6割にものぼり，営業利益の約3分の2を稼ぎ出し
ていました。2000年頃から，デジタル化が驚異的なスピードで進展したことに
よって，写真フィルムの需要は急速に減少し，2010年には写真事業の売上高は
ピーク時の10分の1以下まで落ち込みました。富士フイルムはまさに「本業が
消える」危機に直面しました。

　しかし，富士フイルムは，事業環境の変化をいち早く察知し，自ら事業機会
をつくり出すことで進化を遂げてきました（**図表5−4**）。同社はデジタル化
をいち早く予見し，フィルムカメラ全盛期の1970年代からすでにデジタルカメ
ラの研究開発に着手していました。富士フイルムは，写真フィルムを必要とし
ない，しかも写真フィルムとの共食い関係にあるデジタルカメラの研究開発を
主力事業の写真フィルムと並行して行ったことは，既存の製品に固執せず，自
ら新たな市場を開拓していこうという考え方に基づくものです。

図表5-4　「自ら変化を作り出す」進化し続ける企業へ

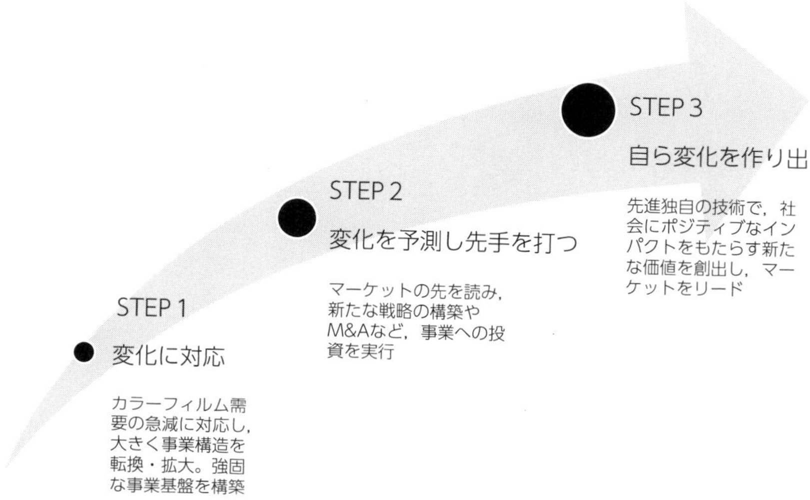

STEP 3
自ら変化を作り出す

先進独自の技術で，社
会にポジティブなイン
パクトをもたらす新た
な価値を創出し，マー
ケットをリード

STEP 2
変化を予測し先手を打つ

マーケットの先を読み，
新たな戦略の構築や
M&Aなど，事業への投
資を実行

STEP 1
変化に対応

カラーフィルム需
要の急減に対応し，
大きく事業構造を
転換・拡大。強固
な事業基盤を構築

出所：富士フイルムホールディングス『統合報告書（2019）』をもとに筆者作成

　その後，富士フイルムは，競争激化の中でデジタルカメラのシェアが次第に
低下していくことを見据えて，写真フィルムの製造で培った高度な生産技術を
進化させることで，化粧品，医薬品，再生医療などに参入して新しい事業を生
み出してきました。このように，富士フイルムは急速なデジタル化の進展をと
らえて大きく事業構造の転換を果たしたことにより，現在，全社の売上に占め
る写真フィルムの割合は1％未満となり，従来とはまったく異なる事業の組み
合わせの企業に変わってきました。

　カラーフィルムで培ってきた富士フイルムの技術の蓄積は深く，それゆえに
化粧品事業へは自社のコア技術を応用して参入することができました。また，
医薬品・再生医療事業への参入では積極的にM&Aを活用しています。こうし
て，富士フイルムは，自社の技術やノウハウと組み合わせることでシナジーを
生み出せる企業や事業を買収することで，新たな価値を持つ製品・サービスを
スピーディに生み出すことができました。

コラム｜SECIモデル

　競争優位の源泉として組織能力が注目された1990年代において，「知識」にフォーカスした研究も登場してきました。この代表的研究として，1995年に野中郁次郎と竹内弘高によって提唱された**SECIモデル**があります。

　SECIモデルでは，知識を**暗黙知**と**形式知**という2つのタイプに分け，これら2つの知識を個人間または組織間で相互に絶え間なく変換や移転することにより，新しい知識が創造されるプロセスを示しています。

　形式知とは，明確な言語や数字，図表などで表現できる客観的な知識です。他方，暗黙知とは，特定状況に関する個人的知識であり，形式化したり言語化したりするのが難しい知識です。たとえば，スポーツ選手はコーチから言葉の指導を受けるだけでは上達することはありません。素晴らしい成績を残すためには，本人が何度も練習を重ねてその技術を身につけなければなりません。

　こうした形式知と暗黙知のダイナミックな相互作用をモデル化したのがSECIモデルです（**図表5-5**）。そして，この知識の相互作用プロセスは，4つの過程に分けて説明されています。それぞれの過程の英単語の頭文字からSECIモデルと呼ばれます。以下にその過程を順に見ていきましょう。

①　共同化（暗黙知→暗黙知）
　個人が他者との対話や共同作業を通じて，暗黙知が共有されていく過程
②　表出化（暗黙知→形式知）
　個人間の対話を通じて，メタファーやアナロジー，コンセプトなどによって個人レベルの暗黙知を組織レベルの形式知に変換していく過程
③　連結化（形式知→形式知）
　組織レベルの形式知を組み合わせることによって，マニュアル，設計書や計画書といった新たな形式知を創造する過程
④　内面化（形式知→暗黙知）
　組織レベルの形式知をもとに個人が実際に行動して実践することを通じて，形式知を暗黙知として体得していく過程

　このように，企業は暗黙知と形式知との相互変換プロセスを通じて，新たな知識を絶えず創造し，連続的イノベーションによって持続的競争優位を獲得していくことが重要です。

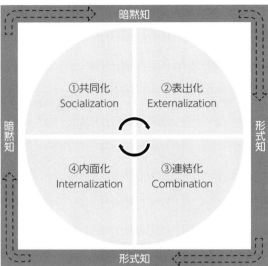

図表5-5 SECIモデル

暗黙知

暗黙知

①共同化
Socialization

②表出化
Externalization

④内面化
Internalization

③連結化
Combination

形式知

形式知

出所：野中・竹内［1996］93頁をもとに筆者作成

📖 **参考文献**

- Grant, R. M.［2007］*Contemporary Strategy Analysis*, Wiley.（加瀬公夫監訳『グラント現代戦略分析』中央経済社，2008年）
- Hamel, G. & Prahalad, C. K.［1994］*Competing for the Future*, Harvard Business School Press.（一條和生訳『コア・コンピタンス経営』日本経済新聞社，1995年）
- Leonard-Barton, D.［1992］Core Capabilities and Core Rigidities: A Paradox in Managing New Product Development, *Strategic Management Journal*, Summer Special Issue, 13, pp. 111-125.
- Nonaka, I. & Takeuchi, H.［1995］*The Knowledge-Creating Company*, Oxford University Press.（梅本勝博訳『知識創造企業』東洋経済新報社，1996年）
- Teece, D. J., Pisano, G., & Shuen, A.［1997］Dynamic Capabilities and Strategic Management, *Strategic Management Journal*, 18(7), pp. 509-533.
- Teece, D. J.［2007］Explicating Dynamic Capabilities: The Nature and Microfoundations of (Sustainable) Enterprise Performance, *Strategic Management Journal*, 28(13), pp. 1319-1350.（菊澤研宗・橋本倫明・姜理恵訳『D.

J. ティースダイナミック・ケイパビリティの企業理論』第3章，中央経済社，2019年a）

- Teece, D. J. [2014a] The Foundations of Enterprise Performance: Dynamic and Ordinary Capabilities in An（Economic）Theory of Firms, *The Academy of Management Perspectives*, 28(4), pp. 328-352.（菊澤研宗・橋本倫明・姜理恵訳『D. J. ティースダイナミック・ケイパビリティの企業理論』第5章，中央経済社，2019年b）

- Teece, D. J. [2014b] A Dynamic Capabilities-Based Entrepreneurial Theory of the Multinational Enterprise, *Journal of International Business Studies*, 45, pp. 8-37.（菊澤研宗・橋本倫明・姜理恵訳『D. J. ティースダイナミック・ケイパビリティの企業理論』第6章，中央経済社，2019年c）

- 網倉久永・新宅純二朗 [2011]『経営戦略入門』日本経済新聞出版社。

- 経済産業省，厚生労働省，文部科学省 [2020]『2020年版ものづくり白書』。

- 藤田誠 [2007]『企業評価の組織論的研究：経営資源と組織能力の測定』中央経済社。

- 藤本隆宏 [2003]『能力構築競争：日本の自動車産業はなぜ強いのか』中公新書。

🔍 参考ウェブサイト

- 富士フイルムホールディングス株式会社『統合報告書（2019）』https://ir.fujifilm.com/ja/investors/ir-materials/integrated-report.html（最終閲覧日：2023年3月31日）

第6章

競争環境と競争優位

業界構造を重視するにせよ経営資源や組織能力を重視するにせよ，本章まで
に登場した競争戦略の主要な考え方は，どれも企業の競争優位を説明する上で
極めて重要なものです。

ただし，ティース（Teece, D. J.）他のダイナミック・ケイパビリティ研究
を除き，ポーター（Porter, M. E.）やバーニー（Barney, J. B.）の研究をはじ
めとした代表的な競争戦略研究は，どちらかといえば競争環境のダイナミック
な変化を念頭に置いたものではありませんでした。現実問題として，急速な変
化が頻繁に起こる不安定な競争環境と比較的安定している競争環境に適した戦
略はそれぞれに異なるでしょうし，たとえ同一の事業であっても事業のライフ
サイクルのステージや地理的条件が異なれば適切な戦略も異なるでしょう。

したがって，戦略を策定する上では，競争環境の特性を理解し，評価するた
めの多様な考え方や視点を持ち，個々の事業の競争環境の特性に応じて戦略を
使い分けることが重要であるといえます。そこで，以下では，競争環境のタイ
プと競争優位の問題について説明することにしましょう。

1　3つの競争タイプ

企業を取り巻く競争環境の特性を理解する上では，バーニーが1986年に『ア
カデミー・オブ・マネジメント・レビュー』で発表した論文が参考になるで
しょう。この論文においてバーニーは，競争タイプをIO型競争（industrial
organization competition），**チェンバレン型競争**（chamberlinian competition），

図表6-1　3つの競争タイプ

	IO型	チェンバレン型	シュンペーター型
基礎の モデル・考え方	完全競争 完全独占	独占的競争	イノベーション等
フィットする 経営理論	SCP等	RBV等	ダイナミック・ ケイパビリティ, 知の探索・知の活用等

出所：Barney［1986］p.797および入山［2019］90頁を参考に筆者作成

シュンペーター型競争（schumpeterian competition）の3つに分けています
（図表6-1）。

①　IO型

　IO型は，産業組織論において最も基本的な競争タイプであり，第3章で取り上げたSCPパラダイムに基づいて競争環境を理解しようとするものです。SCPパラダイムが依拠するミクロ経済学では，独占と完全競争を両極として，独占に近づくほど企業の収益性が高まると考えます。したがって，IO型では企業がより多くの収益を獲得しようとするならば，業界内の企業数を減らしたり，参入障壁や移動障壁を築いたり，差別化された製品・サービスを増やしたりする等，業界の構造的特性に影響を与えることが大切になります。

②　チェンバレン型

　チェンバレン型は，独占的競争（monopolistic competition）の概念を提唱したチェンバレン（Chamberlin, E. H.）という経済学者の名前に由来しています。独占的競争では，完全競争と同様に多数の企業が存在し，熾烈な競争を繰り広げていますが，同質の製品・サービスをもとに競争する完全競争とは異なり，異質の，いわば差別化された製品・サービスをもとに競争が繰り広げられています。このように，独占的競争は差別化された製品・サービスによる競争を前提にしていますが，このことは競争に参加する企業はそれぞれに独自の経

営資源や組織能力を有し，これらが企業の個性やユニークさの源泉であるだけではなく，企業が高い収益性を獲得する上で重要であることを示しています。

③ シュンペーター型

　シュンペーター型は，イノベーション（innovation）の概念を提唱したシュンペーター（Schumpeter, J. A.）という経済学者の名前に由来しています。イノベーションは「新結合の遂行」や「創造的破壊」を意味し，社会や競争環境に大きな衝撃や変化をもたらします。シュンペーター型では，新たなイノベーションにより，企業が直面する脅威や機会が急速かつ予測不可能なかたちで変化します。このような変化に伴い，それまで競争優位の源泉であった経営資源の価値が大きく低下したり，競争優位の源泉それ自体がまったく別なものに置き換わったりすることにより，持続的競争優位の獲得が困難になります。

　実際のところ，現実の企業が直面するすべての競争環境が3つの競争タイプにきれいに区分けされるとは限りません。業界によっては，複数の「型」を内包する場合もあります。重要なことは，「鷹の目」を持つことであり，自分の業界だけではなく，より多くの業界を幅広く俯瞰し，当該業界がどの競争タイプに近いのかを比較・検討することです（入山 [2019]）。その上で，当該企業が直面している競争環境に適した戦略を考える必要があります。

　たとえば，IO型では，規模の経済や経験曲線効果を追求したり，巨額の設備投資や独占的技術などにより参入障壁や移動障壁を高めたりする戦略をとることが肝要です。こうしたIO型の競争環境では，本書の第3章で取り上げたファイブ・フォース分析をはじめとしたポーターの考え方がフィットするでしょう。また，チェンバレン型では，差別化された製品・サービスをもとに競争が繰り広げられていることが前提になっていますが，この点では競合他社よりも優れた差別化を進める上で重要となる企業独自の経営資源や組織能力の構築に力を入れることが大切です。このため，チェンバレン型の競争環境は，バーニーのVRIOフレームワーク（第4章）やハメル（Hamel, G.）＆プラハラード（Prahalad, C. K.）のコア・コンピタンス経営（第5章）と相性が良さそうです。

最後に，シュンペーター型はどうでしょうか？　IO型とチェンバレン型では，予測可能性が高く，不確実性が比較的低い競争環境を想定していますが，シュンペーター型は予測可能性が低く，不確実性が高い競争環境であるという点で，IO型やチェンバレン型とは明らかに違います。したがって，シュンペーター型の競争環境では，参入障壁や移動障壁を高めたり，競争優位の源泉になり得る経営資源や組織能力の構築のために多額の投資をしたりしても，競争環境の急速かつ大規模な変化が生じると，それまでにかけた時間や努力がすべて無駄になってしまう可能性もあります。だからこそ，シュンペーター型の競争環境ではダイナミック・ケイパビリティ（第5章参照）のように，「環境変化に対応するために自己変革を行う組織能力」が求められるのです。

2　不確実性下の戦略策定

(1)　不確実性と戦略分析プロセス

　これまでに見たように，IO型とチェンバレン型は不確実性が比較的低い競争環境を想定しているのに対して，シュンペーター型はIO型やチェンバレン型とは異なり，不確実性が高い競争環境を想定しています。こうした競争環境の不確実性の程度とそれらの不確実性にいかに対応すべきかは，オーソドックスな戦略分析のプロセスによって知ることができます。図表6−2は，アーカー（Aaker, D. A.）によって示された**戦略分析プロセス**です（アーカー［2002］）。
　通常，戦略はおおよそ図表6−2のプロセスを通じて策定されます。すなわち，戦略を策定する際，まずは外部分析により機会と脅威をはじめ競争環境を体系的に理解し，内部分析により戦略上の強みや弱みを捉えます。その上で，複数の戦略代替案を導出し，それらを評価・選択します。IO型やチェンバレン型の競争環境のように不確実性の程度が比較的低いと想定される場合，将来的な競争環境の変化がある程度予測可能であるため，参入障壁や移動障壁，あるいは将来的に競争優位の源泉になり得る経営資源や組織能力への投資を積極的に進めることができます。
　しかしながら，まさにシュンペーター型の競争環境のように，「不確実性の程度が高く，今後の競争環境がどうなるのか予測がつかない」という場合はど

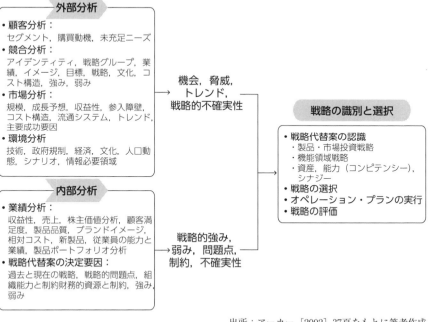

図表6-2　戦略分析プロセス

外部分析

- **顧客分析**:
  セグメント，購買動機，未充足ニーズ
- **競合分析**:
  アイデンティティ，戦略グループ，業績，イメージ，目標，戦略，文化，コスト構造，強み，弱み
- **市場分析**:
  規模，成長予想，収益性，参入障壁，コスト構造，流通システム，トレンド，主要成功要因
- **環境分析**
  技術，政府規制，経済，文化，人口動態，シナリオ，情報必要領域

→ 機会，脅威，トレンド，戦略的不確実性

内部分析

- **業績分析**:
  収益性，売上，株主価値分析，顧客満足度，製品品質，ブランドイメージ，相対コスト，新製品，従業員の能力と業績，製品ポートフォリオ分析
- **戦略代替案の決定要因**:
  過去と現在の戦略，戦略的問題点，組織能力と制約財務的資源と制約，強み，弱み

→ 戦略的強み，弱み，問題点，制約，不確実性

戦略の識別と選択

- **戦略代替案の認識**
  ・製品・市場投資戦略
  ・機能領域戦略
  ・資産，能力（コンピテンシー），シナジー
- **戦略の選択**
- **オペレーション・プランの実行**
- **戦略の評価**

出所：アーカー［2002］37頁をもとに筆者作成

うでしょうか？　競争環境が急速に変化する中では，競争優位を獲得する上で重要な経営資源や組織能力を見極め，特定することが困難になります。この際，戦略担当者の直感に頼るしかないのでしょうか？　戦略担当者によっては極度にリスクを回避しようとするあまり，いっさい戦略上の意思決定ができなくなってしまうこともあるかもしれません。これでは企業は大きな損失を抱えてしまったり，重要な戦略機会をみすみす逃してしまったりすることになるでしょう。こうした事態に陥らないためにも，まずは不確実性の程度を客観的に把握することが大切です。

(2)　不確実性の4つのレベル

コートニー他（Courtney, H. et al.）は，たとえ不確実性の程度が高くても，戦略に関する手掛かりがまったくないということは稀であると指摘しています

図表6－3　不確実性の４つのレベル

	レベル１ a clear-enough future 確実に見通せる未来	レベル２ alternate future 他の可能性もある未来	レベル３ a range of future 可能性の範囲が見えている未来	レベル４ true ambiguity まったく読めない未来
何がわかるか	戦略の決定上， 十分な確度の予測	将来を明らかにする 離散データ	起こり得る結果の範囲。 ただし最も可能性の高い シナリオは描けない。	未来を予測するための 拠りどころがない。

出所：コートニー他［2009］68-69頁をもとに筆者作成

（コートニー他［2009］）。たとえば，市場デモグラフィック（年齢，性別，居住地，家族構成，職業など）により，トレンドや製品・サービスの潜在需要を推し量ることができます。さらに，最先端技術の性能特性，競合他社の生産拡張計画などは，今はわからなくともまったくもって入手不可能な情報というわけではありません。もちろん，最善の努力をつくしても確定できない要素はあります。彼らはこうした要素を**残留不確実性**（residual uncertainty）と呼び，以下の４つのレベルに分けています（**図表6－3**）。

レベル１は「確実に見通せる未来」です。レベル１の不確実性は戦略策定をする上で無視できる程度であり，未来を予測することが可能です。この点では，戦略の方向性を１つに絞る上で十分な状況であるといえます。

レベル２は「他の可能性もある未来」です。レベル２では，未来についてそれほど多くない選択肢に絞ることが可能であり，それぞれについてある程度のシナリオを描くことができます。ただし，最終的にどうなるのかまでは見極めることは難しいのですが，その確率を知る上で手掛かりは得られそうな状況です。

レベル３は「可能性の範囲が見えている未来」です。レベル３では，未来の可能性，いわば起こり得る結果を一定の範囲に限定することができます。いくつかの変数から範囲を特定することができるとはいえ，結果的にその範囲内の

どこに落ち着くのかはわかりません。この点では，レベル2のように複数のシナリオを描くことは難しいといえます。

　レベル4は「まったく読めない未来」です。レベル4では複数の不確実性要因が相互に作用しており，事実上，未来を予測することは不可能です。したがって，レベル3のように起こり得る結果を一定の範囲に限定することもできませんし，ましてやレベル2のようにシナリオを描くこともできません。ただし，レベル4は一時的であることが多く，時間の経過とともに不確実性要因が変化し，レベル3やレベル2に移行していくことが多いのです。

　さて，上記の4つの不確実性のレベルに応じて，企業はそれぞれに打ち手を考える必要がありますが，この際，コートニー他は，形成型（shapers），適応型（adapters），留保型（reserving the right to play）といった企業がとり得る**3つの戦略スタンス**（戦略そのものではなく，業界の現在と将来をどのように捉え，どのように関わるのかという戦略的意図）を示しています。

　まず，形成型は業界を自社に有利な新しい業界構造に導くことを目指します。たとえば，比較的安定した業界になんらかの影響を与えるか，不確実性が極めて高い業界を一定の方向に導くことにより，新たな事業機会を形成しようとします。

　次に，適応型は現在の業界構造や将来的な発展を既定条件として捉え，市場にチャンスが到来したらそれに対応します。不確実性が低い競争環境であれば業界内における戦略ポジションの決定を行いますが，不確実性が高い競争環境になると，変化を認識して素早く対応します。

　最後に，留保型はレベル2からレベル4に関連する戦略スタンスであり，不確実性の程度が低下するまでプレー権を留保します。つまり，小規模投資を行い，当該企業のポジションを維持しながら，不確実性が低下するまで戦略策定を先延ばしするのです。

　ところで，3つの戦略スタンスは戦略そのものではなく，あくまでも戦略的意図に過ぎません。戦略的意図を達成するためには行動が求められますが，これには大勝負（big bets），選択肢（options），後悔しない行動（no-regrets moves）の3種類の戦略行動があります。

　まず，大勝負とは多額の資本投資やM&A等の思い切った戦略行動に出るこ

とです。これはある種の大きな賭けであるため，当たれば大きなリターンを得ることができる反面，外れた場合は失うものも大きいといえます。

　次に，選択肢（オプション）とは成功のシナリオの場合は大きなリターンを確保できる一方で，最悪のシナリオにおいても損失を最小限にとどめる行動です。先の留保型の戦略スタンスをとる企業は，この戦略行動をとる傾向があります。

　最後に，後悔しない行動とはなにが起ころうとも利益を確保する戦略行動です。この戦略行動はいわばリスクのない打ち手のことであり，たとえば，コスト削減，競争に関する情報収集やスキル育成等は，後悔しない行動の一例といえます。

　上記に示した4つの不確実性のレベルおよび3つの戦略スタンスと戦略行動において，どのような選択をするかは個々の企業に依存することはいうまでもありません。たとえば，シュンペーター型の競争環境に該当するレベル3とレベル4の不確実性の程度における戦略スタンスと戦略行動について考えてみましょう。レベル3の不確実性において形成型の戦略スタンスをとって大勝負の戦略行動に出る企業もあれば，選択肢（オプション）の戦略行動をとり，大勝負のリスクをヘッジする企業もあります。また，レベル4の不確実性では，一般的には留保型の戦略スタンスをとり，選択肢の戦略行動をとる企業が多いものの，他方で選択肢の管理が難しいことから，適応型の戦略スタンスをとる企業もあります。さらには，レベル4が一時的であることを見越して形成型の戦略スタンスをとる企業もあり，その選択は企業によって異なっています。

　以上，本節で紹介したフレームワークは戦略担当者が不確実性下の戦略策定の問題を深く捉える一助になるとともに，不確実性のレベルに適した戦略策定を行う上で重要な指針になるといえます。

3　ハイパーコンペティション

(1)　ハイパーコンペティションとは

　不確実性の程度が高いシュンペーター型の競争環境では，日々目まぐるしく変化する顧客ニーズや技術革新に対応しようと，競合他社と熾烈な競争が繰り

広げられています。この際，なんらアクションを起こすことなく競争環境の変化をただ傍観しているのではなく，競争環境の基本条件を左右するような戦略対応を，競合他社に先んじてスピーディかつ臨機応変に進めることが欠かせません。そこで，ここではダヴェニ（D'Aveni, R. A.）とガンサー（Gunther, R. E.）の**ハイパーコンペティション**（hypercompetition）の戦略について概観することにしましょう。

　ハイパーコンペティションとは，「集中的で急速な企業の競争行動により，優位性が迅速に創出され，侵食される競争環境」を意味しています（D'Aveni & Gunther［1994］）。ハイパーコンペティションは企業間におけるある特定の戦略対応とそれに対する競合他社の反撃を連続的に繰り返すダイナミックな戦略的相互作用（dynamic strategic interactions）によって生み出されるため，競争はどんどんエスカレートし，競争優位は持続的ではなく，流動的かつ一時的になります。このため，企業は**一時的競争優位**を連鎖のようにつなぎ合わせ，新たな競争優位を継続して生み出すことが必要になります。

(2)　New 7S's

　ハイパーコンペティションにおいて重要なことは，長期間にわたるダイナミックな戦略的相互作用に注目し，競合他社が予想もしないような積極的な戦略対応をスピーディに実行することです。また，この際の戦略目標は持続的競争優位の追求ではなく，現状の競争優位の破壊という点がポイントですが，この破壊のためのアプローチが**図表6-4**に示した**New 7S's**です（D'Aveni & Gunther［1994］）。

　ハイパーコンペティションのもとで破壊を目指す企業は，顧客満足を最優先に考えています（①）。この場合の顧客とは既存顧客だけではなく，新規顧客も含んでいます。だからこそ，新たな顧客ニーズを先取りして，既存顧客とともに新規顧客の満足をも実現しようとするのです（②）。また，これらのことは，競合他社よりも迅速に実行し，少しでも反撃を遅らせるために競合他社の意表を突く方法で実行する必要がありますが，こうした能力は破壊を進める上で鍵となる要因です（③，④）。競合他社との戦略的相互作用に勝利するためには，戦術的対応も求められます。たとえば，当該企業に有利な状況をつくり

図表6-4 New 7S's

① ステークホルダーの満足
(stakeholder satisfaction)

ステークホルダー，とりわけ顧客を満足させる

③ スピード
(speed)

競合他社が対応する前に，先制破壊をスピーディ
に意思決定する

⑤ 競争ルールの変更
(shifting the rules)

競争環境における競争条件（市場の原動力や業務の
やり方）を変えるような意思決定をする

⑦ 同時的かつ連続的な戦略攻撃
(simultaneous and sequential
strategic thrusts)

複数の先制破壊を同時的かつ連続的に実行する

② 戦略的予言
(strategic soothsaying)

顧客ニーズを先取りし，新たな顧客層を
とらえる

④ サプライズ
(surprise)

競合他社が予期できない，意表を突くよう
な意思決定をする

⑥ 戦略的意図のシグナリング
(signaling)

競合他社の先制破壊の意図をくじくような
シグナルを発する

出所：D'Aveni & Gunther［1994］p.258をもとに筆者作成

出すために競争環境のルールを変えたり，競合他社の認識を操るためにシグナ
ルを発したりする等，複数の戦術を巧みに組み合わせて連続的に実行していく
ことが求められるのです（⑤，⑥，⑦）。

4 持続的競争優位と一時的競争優位

(1) シュンペーター型における競争優位

　以上のハイパーコンペティションの戦略対応は，IO型やチェンバレン型で
求められるものとは大きく異なることがわかります。IO型やチェンバレン型
では持続的競争優位の獲得を目指します。IO型では，たとえばポーターが提
唱したコスト・リーダーシップ戦略や差別化戦略を通じて参入障壁や移動障壁
を高めることが持続的競争優位を獲得する上で重要です。また，チェンバレン
型ではバーニーが提唱したVRIOフレームワークにおける4つの問いによって
持続的競争優位の獲得につながる経営資源を明らかにし，製品・サービスの差
別化を徹底的に推し進めることが求められます。

他方，シュンペーター型では持続的競争優位ではなく，一時的競争優位を連続してつなぎ合わせることを前提にしています。このため，競合他社の競争優位を損なうような戦略対応だけではなく，自分たちの競争優位さえも破壊する戦略対応をもとるのです。つまり，シュンペーター型の多くの業界では企業間における熾烈な戦略的相互作用を通じて，競争優位は絶えず創造され，損なわれ，破壊されといったサイクルが繰り返されるのが通常なのです。

昨今，こうした戦略研究の分野で注目されているのが，マグレイス（McGrath, R. G.）です。彼女によれば，現在までに用いられてきた戦略フレームワークやツールの多くは「戦略の目的は持続的競争優位の獲得である」という考え方に支配されていると指摘しています（マグレイス［2014］）。持続的競争優位を重視する考え方は戦略の最も基本的なコンセプトになっており，今日の多くの企業にとっても常識であると理解されてきました。しかしながら，この考え方は急速に変化し，不確実性を高める競争環境では時代遅れであり，もはやふさわしいものではなくなってきています。このような競争環境では一時的競争優位を前提とした戦略対応が求められますが，この場合，以下で取り上げる一時的競争優位のライフサイクルを深く理解する必要があります。

(2) 一時的競争優位のライフサイクル

図表6－5は一時的競争優位のライフサイクルを表しています。「開始」のフェーズにおいて，企業は外部環境におけるビジネスチャンスを見極め，それを活用するために経営資源を配分します。「成長」のフェーズでは事業が前進し，事業拡大のためのプロセスやシステムが実行されます。このまま事業が順調に拡大すると「活用」のフェーズに移ります。「活用」のフェーズにおいて長くとどまることができれば，企業はマーケットシェアや収益性を大きくすることができます。しかしながら，そのような状況にあっても，人材や資産等の経営資源を過度に増強しようとするのは回避する必要があります。なぜなら，そうした対応により，新たな競争優位への移行が難しくなるためです。つまり，たとえ「活用」のフェーズがうまくいっている状況であっても，既存の競争優位から経営資源を引き揚げて，新たな競争優位のために経営資源を確保する必要があるのです。このため，「再構成」のフェーズでは，「成長」や「活用」の

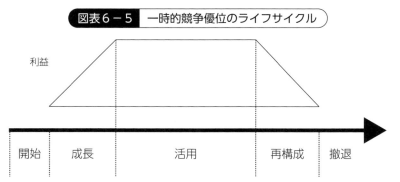

図表6-5　一時的競争優位のライフサイクル

利益

開始　　成長　　　　活用　　　　再構成　撤退

出所：マグレイス［2014］14頁をもとに筆者作成

フェーズに関わってきた人員や資産を別の活動に移します。こうした対応は持続的競争優位を念頭に置けば否定的に捉えられる場合もありますが，一時的競争優位の世界では必須かつ有用なものであり，「再構成」のプロセスこそが成功のカギを握るといえます。最終的に，いずれ既存の競争優位は失われてしまい，「撤退」のフェーズに移行します。このフェーズにおいて，企業は将来的に必要のない経営資源を売却したり，転用したりする等，撤退のプロセスを適切かつ迅速に進めることが大切です。

　一時的競争優位を追求する競争環境において企業が先頭を走り続けるためには，常に新しい戦略的取り組みを打ち出すことで，多くの一時的競争優位を同時並行的に生み出して活用する必要があります。このような競争優位は，1つひとつは短期的なものですが，全体をポートフォリオとして組み合わせることで企業は長期間にわたるリードを維持できるのです（マグレイス［2014］）。この点では，一時的競争優位の波をうまく管理し，調和させることが企業の戦略においてますます重要になってきているといえます。

82

| コラム | 競争環境と戦略アプローチ |

　リーブス他（Reeves, M. et al.）は企業が直面する競争環境を「予測可能性（将来の変化を予測できるか？）」、「改変可能性（自社単独で、あるいは他社と協業して、つくり変えることができるか？）」、「苛酷さ（生き残れるか？）」の3つの特質をもとに、以下の5つに分類しています（リーブス他［2016］）（**図表6－6**）。

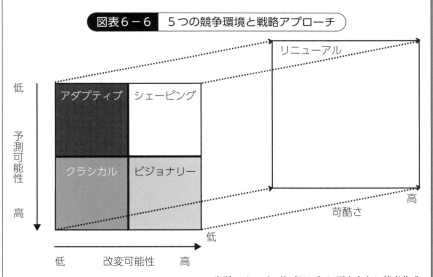

図表6－6　5つの競争環境と戦略アプローチ

① クラシカル型

　クラシカル型では、競争環境の予測可能性は高いものの、その改変可能性は低いため、いったん獲得した競争優位は、持続可能なものであると捉えます。また、競争環境の改変可能性が低いことから、現状の競争環境を前提に優位なポジションの獲得に集中することが重要です。このためには、企業規模の拡大、差別化の推進、組織能力の構築が求められます。

② アダプティブ型

　アダプティブ型は、予測可能性が低く、改変可能性も低い競争環境を前提にしています。クラシカル型では持続的競争優位の獲得を重視していたのに対し、ア

ダプティブ型では一時的競争優位を連続して生み出すことを重視します。また，クラシカル型が競争環境の分析や計画に重点を置いていたのに対し，アダプティブ型は計画立案ではなく，継続的に実験を繰り返すことに力点を置いています。

③　ビジョナリー型

　ビジョナリー型は，予測可能性と改変可能性が高い競争環境を前提にしています。したがって，単独企業であっても，競争環境を新たに創造したり，つくり変えたりすることができるため，ビジョナリー型ではこれらを最初に実行することが大切です。具体的には，実現可能性の高い事業機会を構想し，あらゆる競合他社よりも早くその事業を構築し，実行します。クラシカル型が分析と計画，アダプティブ型が継続的な実験を重視するのに対して，ビジョナリー型では創造性と実行力が中心になります。

④　シェーピング型

　シェーピング型では，予測可能性が低く，改変可能性が高い競争環境を想定しています。シェーピング型では，競争環境におけるルールが定義（or 再定義）されるタイミングが到来したときに，競争環境自体を新たに形成（or 再形成）します。ただし，これらを単独企業で進めることは難しいため，さまざまな企業を巻き込んでプラットフォームやエコシステムを構築します。

⑤　リニューアル型

　リニューアル型は，他の４つのアプローチとはまったく異なります。このアプローチの狙いは，戦略アプローチと競争環境のミスマッチや内外のショックによって失われた企業の活力や競争力を再度取り戻すことです。この際，存続可能性を高めるために必要な経営資源を確保し，企業を成長軌道に戻すために，他の４つのアプローチのいずれかを選択します。

　以上のように，戦略は競争環境の特性を見据えた上で策定・実行することが大切です。また，多くの事業はビジョナリー型かシェーピング型の象限で創出され，その後に反時計回りにアダプティブ型からクラシカル型へ移行し，さらなるイノベーションにより破壊され，新たなサイクルが生まれる傾向があります。

📖 参考文献

- Aaker, D. A.［2001］*Developing Business Strategies*, John Wiley & Sons.（今枝昌宏訳『戦略立案ハンドブック』東洋経済新報社，2002年）
- Barney, J. B.［1986］Types of Competition and the Theory of Strategy: Toward an Integrative Framework, *Academy of Management Review*, Vol.11, No.4, pp.791-800.
- Barney, J. B.［2002］*Gaining and Sustaining Competitive Advantage*（*2nd ed.*）, Prentice Hall.（岡田正大訳『企業戦略論（上）：競争優位の構築と持続』ダイヤモンド社，2003年）
- Courtney, H., Kirkland, J., & Viguerie, P.［1997］Strategy under Uncertainty, *Harvard Business Review*, Nov-Dec, pp.67-79.（編集部訳「不確実性時代の戦略思考：4段階に分けて適切な戦略と行動を選択する」『DIAMONDハーバード・ビジネス・レビュー』July，2009年）
- D'Aveni, R. A. & Gunther, R. E.［1994］*Hypercompetition: Managing the Dynamics of Strategic Maneuvering*, Free Press.
- McGrath, R. G.［2013］*The End of Competitive Advantage: How to Keep Your Strategy Moving as Fast as Your Business*, Harvard Business Review Press.（鬼澤忍訳『競争優位の終焉：市場の変化に合わせて，戦略を動かし続ける』日本経済新聞出版社，2014年）
- Reeves, M., Haanaes, K., & Sinha, J. K.［2015］*Your Strategy Needs a Strategy*, Harvard Business Review Press.（御立尚資・木村亮示監訳，須川綾子訳『戦略にこそ「戦略」が必要だ：正しいアプローチを選び，実行する』日本経済新聞出版社，2016年）
- 入山章栄［2019］『世界標準の経営理論』ダイヤモンド社。
- 経営戦略学会編［2023］『キーワードからみる経営戦略ハンドブック』同文舘出版。
- 琴坂将広［2018］『経営戦略原論』東洋経済新報社。

第7章

企業の境界

　企業の境界とは，「ある企業が自社で行う活動の範囲を決める境界線」のことであり，同時に，自社で行わない活動との間の線引きでもあります。ここでの「活動の範囲」の意味するところによって，企業の境界には少なくとも3つのタイプがあります。

　第1に，企業の生産規模における境界です。同じ事業を営む企業であっても，その生産量は企業によって異なっています。たとえば，個人経営の「街のパン屋さん」に比べて，パン製造事業を営む大企業では何倍ものパンを毎日生産しているでしょう。このように，生産規模における企業の境界は，ある商品やサービスをどのくらい生産するのかという生産量の違いを指しています。

　第2に，企業の営む事業の種類における境界です。たとえば，パンの販売だけを行うパン屋もあれば，パンだけでなくイートインスペースを用意してコーヒーなども提供するベーカリー・カフェもあります。ここでの企業境界は，企業が単一の事業のみを営むのか，多角化して複数の事業を営むのかという境界を意味しています。

　第3に，企業の垂直的な生産段階における境界です。「街のパン屋さん」では店主が自家製パンを販売していることも多いですが，大手パン製造業者では製造したパンをスーパーやコンビニなどの小売店に納品しています。このように，同じパン製造事業を営む企業であっても，販売業務を自ら行うのか，あるいは小売店に任せるのかという点に違いがあります。本章では，企業の境界の中でも，こうした企業の垂直境界について詳しく解説していきます。

1　サプライチェーン

　まず，垂直的な生産段階とはどのようなものなのかについて説明します。垂直的な生産段階は，原材料製造，製品製造，卸売，小売といったある商品やサービスが最終的な顧客に届くまでに必要な一連の活動の流れのことであり，一般に**サプライチェーン**（供給連鎖）と呼ばれています。たとえば，パンのサプライチェーンは，小麦を栽培し，その小麦から製粉し，さらに小麦粉からパンを焼いて出荷し，そのパンを販売店へ配送し（卸売），店頭で顧客に販売する（小売）という流れになっています（**図表7−1**）。

図表7−1　サプライチェーンの一例（パン）

小麦栽培	製粉	パン製造	卸売	販売

出所：筆者作成

　サプライチェーンにおける一連の活動の流れは，原材料製造から顧客に向かう川の流れにたとえられます。卸売や販売のような顧客に近い段階は「下流」または「川下」と呼ばれ，他方，原材料製造のような顧客から遠い段階は「上流」または「川上」と呼ばれています。

　パンのサプライチェーンは，パン製造業者以外に，川上の小麦農家，製粉業者，そして川下の卸売業者，スーパーやコンビニ等の販売業者から構成されています。しかし，パン製造，卸売，販売という複数の生産段階を一手に担っている企業もあります。上述の「街のパン屋さん」のケースは，これに該当することが多いでしょう。また，中には自ら小麦の栽培を行い，その小麦を店内で挽いて製粉し，その小麦粉を使ってパンを焼き，販売するというサプライチェーンのほとんどの活動を自身で行うこだわりのパン屋さんもあります。

　このように考えると，サプライチェーンは企業が商品やサービスを最終的な顧客に届けるために必ず構築しなければならないものである一方で，1つの企業がすべての活動を行う必要はなく，企業はサプライチェーン上のどの活動を

自社で行い，どの活動を他社に任せるのかという線引きをする必要があるといえます。この線引きこそが企業の境界設定であり，以下で説明するように，その判断は企業の活動内容，組織，ビジネスモデル，競争優位などに影響を与える戦略的な意思決定です。

2　内部化と外部化

(1)　Make or Buyの意思決定

　サプライチェーン上のどこに企業の境界を設定するべきなのかという問題は，いわゆる「Make or Buy」の問題としてよく知られています。これは完成品メーカー（たとえば，パン製造業者）が，その原材料（小麦や小麦粉）を調達する場合に，それを自社内で製造（Make）するのか，あるいは外部の原材料メーカーから購入（Buy）するのかという選択を意味しています。

　このとき，完成品メーカーが社内に原材料製造部門をつくったり，買収などを通じて外部の原材料メーカーを統合したりして，必要な原材料を社内で製造することを**内部化**，または**垂直統合**といいます。言い換えれば，垂直統合とは，「複数の生産段階の活動が1つの企業内で行われること」を指します。これとは反対に，完成品メーカーが市場を通じて外部の原材料メーカーから原材料を調達することを**外部化**，または**アウトソーシング**と呼びます。

　また，完成品メーカーによる原材料メーカーの統合のように，川下の企業から川上の企業に対する内部化は**後方統合**，反対に，原材料メーカーが完成品メーカーを統合したり，完成品メーカーが卸売業者や販売業者を統合したりといった，川上の企業から川下の企業に対する内部化は**前方統合**と呼ばれます（**図表7－2**）。

　次項で詳しく触れるように，内部化と外部化にはそれぞれメリットとデメリットがあります（**図表7－3**）。そのため，「Make or Buy」の意思決定は，内部化と外部化のさまざまなメリット，デメリットを比較衡量し，自社の状況によって有利な方法を選択する必要があります。

　そして，「Make or Buy」と同様の問題は完成品メーカーと卸売業者・販売業者との間にもあります。完成品メーカー（たとえば，パン製造業者）は，そ

図表7－2　前方統合と後方統合

前方統合のケース（当該企業はパン製造業者）

| 小麦栽培 | 製粉 | パン製造 | 卸売 | 販売 |

後方統合のケース（当該企業はパン製造業者）

| 小麦栽培 | 製粉 | パン製造 | 卸売 | 販売 |

出所：筆者作成

図表7－3　内部化と外部化

	メリット	デメリット
内部化	(1)　市場での地位向上 (2)　SCM改善によるコスト削減 (3)　知識資産と利益の流出抑制	(1)　組織管理の難しさ (2)　規模の経済の喪失 (3)　多額の資金の必要性
外部化	(1)　規模の経済の享受 (2)　最適な取引先の活用 (3)　変化適応への優位性	(1)　SCMの難しさ (2)　知識資産の流出の危険性

出所：筆者作成

の製品を自ら販売するのか（内部化），あるいは卸売業者や販売業者に納品するだけにとどまるのか（外部化）という選択に直面するため，それらを比較して望ましい方法を選択しなければなりません。

(2)　内部化のメリットとデメリット

　さて，サプライチェーン上のある活動を内部化することの主なメリットは3つあります。第1に，市場内での企業の立場が強化され，交渉力を高めることができる点です。たとえば，自社で製造した商品を，卸売業者を通さずに自社の販売店で直接顧客に販売するならば，仮に卸売業者を通した場合に彼らに支払うべきマージン（利益の取り分）を節約できるため，低いコストで商品を提供できる可能性があります。

また，代替的な原材料の供給先や商品の販売先を自社内に持つことで，外部の原材料メーカーや販売業者に対する交渉力が上がり，有利な条件で取引を進めることができます。さらに，すでに存在している原材料メーカーや販売業者を買収して内部化した場合には，競合する企業の供給先や販売先を制限する効果も得られ，競争上有利な立場を築くこともできるでしょう。

第2に，サプライチェーンに含まれる活動の多くを内部化することで，サプライチェーン全体の管理，すなわち**サプライチェーン・マネジメント**（supply chain management：SCM）がしやすくなり，コスト削減の効果が期待できます。たとえば，各種の工程間や原材料と完成品のすり合わせがしやすい，サプライチェーンの上流から下流まで情報の共有ややり取りがスムーズになる，仕入量や納期など取引における不確実な要素を減らして安定的な供給体制を構築できる，といったメリットが考えられます（本章コラム参照）。

第3に，その活動を社内にとどめておくことにより技術やノウハウといった知識資産の外部流出が抑えられます。これにより，組織内での知識共有や技術・ノウハウの開発と蓄積が進み，他社からの模倣も難しくなるため，イノベーションが促進される可能性があります。

また，イノベーションに関連する重要な活動（製造，流通など）を自社内で確保することで，イノベーションから生まれる利益を他社に奪われることを防ぐことができます。たとえば，ある企業が革新的な製品を発明したとしても，その企業が必要な販売ルートを持たず，他社の流通チャネルに頼らなければならないとすれば，その革新的製品の生み出す利益の多くを卸売業者や販売業者に奪われてしまうでしょう。こうした事態を防ぐためには，自社で流通チャネルを確保しておくことが有効です。

内部化には以上のようなメリットもありますが，現実には，どの企業も常に内部化しようとするわけではありません。それは，内部化にはデメリットもあるからです。

まず，内部化に伴い必然的に組織が大きくなり，活動の範囲も広がるため，組織としての管理が難しくなります。単に管理の手間が増えるということもありますが，競争の少ない社内での部門間取引は各部門の甘えを生じさせ，組織メンバーの競争意識の低下につながります。さらに，大きな組織は一般に硬直

化しやすく，ビジネス環境の変化への適応が難しくなる傾向もあります。

　次に，内部化がコスト削減につながる場合もありますが，生産規模の大きい
外部業者に活動を委託する場合に比べ，より高いコストを負担することもあり
ます。というのも，内部化する場合には取引相手が主に自社に限定されること
が多く，幅広い取引先を持つ外部業者に比べて生産量が少なくなるため，外部
業者を利用することで得られる規模の経済（第8章コラム参照）を十分に享受
できないためです。

　さらに，内部化には多くの資金が必要となります。内部化には，サプライ
チェーン上の必要な活動を自社内で1から始める方法と，すでにある外部の取
引先を買収などを通じて統合する方法がありますが，前者では新たな人材の雇
用や新規の設備投資が必要となり，後者では多額の買収関連費用が発生するこ
とになります。

(3)　外部化のメリットとデメリット

　内部化と同様に，外部化にもメリットとデメリットの両方があります。サプ
ライチェーン上のある活動を外部の原材料メーカーや販売業者などに委託する
ことの第1のメリットは，内部化する場合に比べて大きな規模の経済を享受で
きることにあります。たとえば，電子機器メーカーは，大規模なEMS（elec-
tronics manufacturing service：電子機器製造請負）業者に製造活動を任せる
ことで，自社で工場を保有することなく規模の経済を享受でき，コストを削減
することができます。

　第2に，多様な取引先から相手を選ぶことができ，自社にとって最も適切な
相手と取引できます。その結果，できるだけ安価に調達できる原材料メーカー
を見つけたり，大規模または多数の販売業者と取引することで自社商品を急速
に普及させたりすることができ，自社の競争力を高められる可能性があります。
さらに，新たな技術や知識を社外から獲得することもでき，外部知識の活用や
研究機関との共同研究などを通じた研究開発方法であるオープン・イノベー
ション（第12章参照）を実現することも期待できます（チェスブロウ［2004］）。

　第3に，第2のメリットと関連しますが，外部業者に活動を委託している企
業は，内部化している企業に比べて，ビジネス環境の変化に応じて柔軟に適応

しやすいと考えられています。というのも，その時々のビジネス環境に応じて取引先を変更しやすく，自社内の変化に対する抵抗も比較的小さいため，自社のサプライチェーンの見直しが容易になるからです。

　他方，外部化のデメリットとしては，取引先との調整が困難となり，自社主導でのサプライチェーン全体の最適化が難しいこと（本章コラム参照）や，取引を通じて知識資産が流出してしまう恐れがあり，将来への投資やイノベーションが阻害される可能性があることが挙げられます。

3　中間組織

(1)　取引参加者の行動原理とメンバーシップ

　ここまでサプライチェーンにおける内部化と外部化の間の選択について考えてきましたが，実際には，内部化でも外部化でもなく，その中間的な性質を持つ「中間組織」あるいは「ハイブリッド」と呼ばれる第3の選択肢もあります（今井他［1982］；Williamson［1991］）。

　中間組織の特徴を理解するために，活動を内部化して企業の組織内部で取引する場合と，活動を外部化して市場を通じて外部業者と取引する場合において，取引に参加するメンバーの行動を決める原理（O）と彼らのメンバーシップ（M）に関する違いを見てみましょう。

　まず，内部化された活動をめぐる取引では，経営者や部門責任者のような中心的なメンバーがその権限に基づく命令を出すことで，他のメンバーの行動が決定されます（O_1）。また，取引に参加するメンバーは社内の人間に限定され，新しいメンバーの参加や現在のメンバーの退出も難しく，メンバー間に固定的で継続的な関係が構築されています（O_2）。

　一方，市場での取引では，各メンバーは価格などの情報をもとに，独立事業者として自身の利益を獲得するために行動します（M_1）。そして，彼らは取引に参加するかしないかを自身の能力や嗜好などに応じて自由に決めることができます（M_2）。

(2) 中間組織の特徴

　取引参加者の行動の決定原理（O_1またはM_1）とメンバーシップ（O_2またはM_2）には，それぞれ中間的なパターンもあり得ます。たとえば，基本的には各メンバーが自身の利益を得るために競争するものの，最終的には中心的なメンバーの命令によって行動が決められるパターン（M_1+O_1）や，基本的には固定的で継続的な関係を構築しているが，常に参入や退出の可能性があるパターン（M_2+O_2）もあります。これらのパターンは中間組織の特徴を示しています。

　以上を踏まえて横軸をメンバーの行動の決定原理（O_1またはM_1），縦軸をメンバーシップ（O_2またはM_2）とすれば，内部化，外部化，中間組織の特徴をまとめることができます（図表７－４）。

　図の右上に位置する内部化は権限に基づく命令（O_1）と固定的で継続的なメンバーシップ（O_2），対照的に図の左下に位置する外部化は価格に基づく利益追求（M_1）と自由な参入・退出（M_2）によって特徴づけられます。そして，

図表７－４　中間組織

メンバーシップ			
O_2 固定的・継続的	中間組織		組織内取引 内部化
M_2+O_2		中間組織	
M_2 自由な参入・退出	市場取引 外部化		中間組織
	M_1 価格に基づく 利益追求	M_1+O_1	O_1 権限に基づく 命令

メンバーの行動の決定原理

出所：今井他［1982］142頁および菊澤［2016］47頁をもとに筆者作成

中間組織は左上から右下にかけての対角線上にあり，その行動原理やメンバーシップは，内部化と外部化の中間的な性質を持っています。

(3) 中間組織の例

　中間組織の例には，まず日本でよく見られる系列取引があります。これは独立した企業同士でありながらも継続的かつ密接な取引関係を構築している取引であり，自動車業界における完成車メーカーと部品メーカーの間の生産系列や，化粧品メーカーや家電メーカーとその卸売業者や販売業者の間の流通系列がよく知られています。

　生産系列を例にとれば，完成車メーカーと部品メーカーはそれぞれ自身の利益を得ようとしますが，最終的には完成車メーカーの要請によって下請けの部品メーカーの行動が決められる傾向があります（$M_1 + O_1$）。また，これらの企業は基本的には固定的で継続的な関係を構築していますが，部品メーカーが異なる完成車メーカーと取引することや完成車メーカーが部品メーカーを系列から外すこともあり，常にメンバーの参入や退出の可能性があります（$M_2 + O_2$）。

　また，コンビニエンスストアやファストフード店に見られるフランチャイズ制も中間組織の1つといえるでしょう。これは，コンビニエンスストアなどを展開する企業（フランチャイザー）が，加盟店（フランチャイジー）のオーナーに自社の経営ノウハウやブランドを貸し出して運営を委託し，手数料（ロイヤリティ）を受け取る仕組みです。

　このとき，フランチャイジーはフランチャイザーから独立しているため，自社の利益の獲得を目指しますが，フランチャイザーからの要請によってフランチャイジーの行動はある程度定められています（$M_1 + O_1$）。そして，両者はフランチャイズ契約を通じて固定的で継続的な関係を構築していますが，契約を解消する可能性も十分にあります（$M_2 + O_2$）。

　このように，企業はそのサプライチェーンにおいて内部化や外部化ではなく，その中間的な性質を持った中間組織を利用することもあるのです。

4　垂直統合型モデルと水平分業型モデル

　これまで見てきた企業の境界設定，すなわち内部化と外部化（そして，中間組織）の間の選択は，垂直統合型と水平分業型というビジネスモデルの違いを生み出し，それらの違いが競争優位の源泉になっている場合もあります（**図表7−5**）。

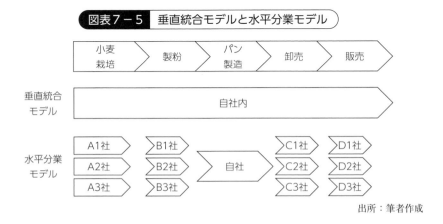

図表7−5　垂直統合モデルと水平分業モデル

出所：筆者作成

　垂直統合型のビジネスモデルでは，サプライチェーンにおける多くの活動が内部化され，内部化のメリットを競争力につなげています。アパレル業界におけるSPA（specialty store retailer of private label apparel：製造小売）のビジネスモデルはその一例といえます。たとえば，ファーストリテイリングが運営するユニクロでは，商品の企画，製造，物流，販売といった一連の活動を自ら中心となって担う体制を構築することで，ヒートテックなどの独自商品を開発し，かつ低価格で販売することに成功しています。

　また，イタリア料理チェーンのサイゼリヤも，SPAのモデルを参考に，商品開発から食材の生産，加工，配送，レストラン運営まで一貫して行い，品質の確保とコスト削減を実現しています。そして，かつて人気を博したシャープ製の「亀山モデル」の液晶テレビも，国内工場で液晶パネルから自社内で生産す

ることで他社製品との差別化に成功したといわれています。

　一方，水平分業型のビジネスモデルは，サプライチェーンにおいて重要な活動のみを自社内で行い，それ以外の活動を積極的に外部の業者に任せることによって外部化のメリットを享受しようとするものです。

　一般に，アップルのビジネスモデルは水平分業型として知られています。iPhoneなどの商品の企画やOSの開発に関しては自社で行っていますが，iPhoneに必要な各種の部品はそれぞれに専門的な外部業者から調達し，製品製造はEMSに委託しています。その結果として，外部知識の活用や規模の経済を享受でき，アップルの高い収益性が実現されているのです。

　このように垂直統合型モデルで成功している企業もあれば，水平分業型モデルで成功している企業もあり，どちらか一方が常に優れているというわけではありません。同じ業界の競合する企業の間でも両者のモデルが共存していることもあります。これらのビジネスモデル間の選択は，業界や商品の特性，さらには自社の経営方針や強みなどを勘案して行うべき重要な戦略的意思決定といえるでしょう。

| コラム | 取引コスト経済学とはなにか？ |

　企業の境界はどのように設定すべきなのかという問題に答える有力な理論の1つは，**取引コスト経済学**（transaction cost economics）です。取引コスト経済学の基礎は，1991年にノーベル経済学賞を受賞したコース（Coase, R. H.）の提起した問題，すなわち伝統的な経済学が示すように価格が需要と供給のバランスをうまく調整し，市場が十分に機能するならば，なぜ（組織体としての）企業がこれほど多く存在しているのかという問題にあります。コースは，市場で発生する**取引コスト**が大きくて取引が難しい場合には市場の代わりに企業が登場し，経営者がその命令や指示によって取引を調整すると主張しました（Coase [1937]）。取引コストとは，取引する際にかかる価格以外のコストであり，取引相手を見つけたり，価格や取引条件を交渉したり，契約の履行を監視したりする際に発生します。

　コースのアイデアはウィリアムソン（Williamson, O. E.）によって引き継がれ，取引コスト経済学として理論化されました。その功績により，ウィリアムソンもまた2009年にノーベル経済学賞を受賞しました。彼によれば，取引の参加者た

ちが取引に関わるすべての情報を収集・処理し，相手に正確に伝達することができず（限定合理性），自らの利益のために相手を出し抜こうとする（機会主義）ことで，取引コストは必然的に発生します。さらに，取引コストは，取引における**資産特殊性，不確実性，頻度**といった取引状況の3要素によって増減するとされています（ウィリアムソン［1980］；Williamson［1985］）。

　まず，資産特殊性とは「ある資産の価値がその取引に限定されている程度のこと」であり，その資産を価値の減少を伴わずに他の取引に転用できる度合いと言い換えることもできます。

　たとえば，こだわりのあるパンを焼くために特定の生育環境で育った特定品種の小麦を必要とするパン屋と，その小麦を栽培するための畑や設備を持つ小麦農家との取引は，その資産特殊性が高い状況にあるといえます。というのも，特定の要件を定めた小麦は，そのコストの高さなどの理由により，そのままでは他のパン屋との取引に転用できないと考えられるからです。一般に，資産特殊性が高い場合には，取引参加者たちは他の取引に転用できないという相手の弱みにつけ込んで，自身が有利になるように互いに駆け引きし，その結果，取引コストが高くなります。

　次に，取引における不確実性の高さも取引コストの大きさに影響を与えます。不確実性とは「将来に起こり得る事象が予見できない程度」を指し，取引に関わる環境や取引相手の行動がその原因となります。たとえば，ある地域の天候が不安定で小麦の供給量や価格が読めないといった環境に関する不確実性が高いほど，また取引相手が意図的に情報を隠したり歪めたりするといった行動に関する不確実性が高いほど，取引相手が信用できるかを見極めたり，厳密な契約書を作成したり，相手の履行を監視するための取引コストが高くなります。

　ウィリアムソンによれば，このような資産特殊性や不確実性が高いときには，取引コストを節約するために，当事者間の利害調整機能を備えたガバナンス制度と呼ばれるさまざまな仕組みが構築されます。取引コスト経済学では，市場もガバナンス制度の1つであり，企業もまた市場に代わるガバナンス制度とみなされています。

　そして，第3の要素である頻度に関して，取引が何度も繰り返される場合には，取引のたびに取引コストが発生し，取引参加者にとって大きな負担となります。そのため，上で述べたような内部化のコスト（デメリット）がかかるとしても，ガバナンス制度の構築として内部化を行い，活動を自社内に取り込むことが有利になることがあります。

　こうした取引コスト経済学の主張は多くの調査研究によってもその妥当性が支持されており，取引コストは企業の境界を決定する重要な要素と考えられています。

📖 参考文献

- Chesbrough, H. W.［2003］*Open Innovation: The New Imperative for Creating and Profiting from Technology*, Harvard Business School Press.（大前恵一朗訳『OPEN INNOVATION：ハーバード流イノベーション戦略のすべて』産業能率大学出版部，2004年）
- Coase, R. H.［1937］The Nature of the Firm, *Economica*, 4(16), pp.387-405.
- Williamson, O. E.［1975］*Markets and Hierarchies: Analysis and Antitrust Implications*, Free Press.（浅沼萬里・岩崎晃訳『市場と企業組織』日本評論社，1980年）
- Williamson, O. E.［1985］*The Economic Institution of Capitalism: Firms, Markets, Relational Contracting*, Free Press.
- Williamson, O. E.［1991］Comparative Economic Organization: The Analysis of Discrete Structural Alternatives, *Administrative Science Quarterly*, 36(2), pp.269-296.
- 今井賢一・伊丹敬之・小池和夫［1982］『内部組織の経済学』東洋経済新報社。
- 菊澤研宗［2016］『組織の経済学入門：新制度派経済学アプローチ（改訂版）』有斐閣。

第8章

多角化戦略

　第8章では，企業の成長戦略の1つである多角化について解説していきます。多角化には複数の類型が存在するため，企業の目的や方向性によって最適な多角化のパターンは異なります。そのため，本章の前半部分ではアンゾフの成長ベクトルやルメルトの多角化の類型をもとに，どのような多角化の類型が存在し，どのような場面でそれぞれの多角化を採用すべきなのかについて解説します。

　また，企業が持つ経営資源は有限であるため，多角化して複数の事業を営む場合，企業はどの事業にどの程度資源を配分するのかを必ず考えなければなりません。本章の後半部分では，こうした経営資源の配分の問題に関して，プロダクト・ポートフォリオ・マネジメントとビジネス・スクリーンといった戦略分析ツールを用いて，どのように事業を分類し，どこに経営資源を配分すべきなのかについて解説します。

1　企業の成長戦略と多角化

　環境の変化が激しい現代社会において，企業は今までと同じことを続けているだけでは変化のスピードについていけず，いずれ経営がうまくいかなくなってしまう可能性が高くなっています。そのため，企業は常に成長の可能性を探っていかなければなりませんが，企業が成長するためにはどうしたらよいのでしょうか？

　アメリカの経営学者であるペンローズ（Penrose, E.）は，世の中には成長す

る企業ばかりではなく，むしろ成長しない企業が大半であることを踏まえた上で，成長する企業はどのようにして成長しているのかを解き明かそうとしました。彼女によれば，成長する企業は自ずと**多角化**していくことになるとされています。なぜならば，1つの市場・製品に固執することは，企業の成長が特定の市場・製品に縛られるため，いずれは限界を迎えてしまうからです。企業は1つの市場・製品に固執することなく，多角化していくことで，より成長することができるとしています。そして，彼女は企業内には常に未利用の経営資源があり，その効果的な活用が企業の成長や多角化の内的要因であると捉えていました。この未利用資源を活用することで，企業はより効率的に成長することができるのです。

　アンゾフ（Ansoff, H. I.）は企業が成長するに従って，複数の事業を営むことで**シナジー効果**を得ることができると主張しています。シナジー効果とは，経営資源や事業の適切な結合をすることで生まれる相乗効果のことを指しています。シナジー効果が発揮されることで，物事の全体の総和が部分の総和以上の効果を発揮できるため，1＋1の結果が2ではなく，3にも4にもなり得るのです。このシナジー効果には費用を節約するための①**販売シナジー**，②**生産シナジー**，③**投資シナジー**と，効果的な投資を促すための④**マネジメント・シナジー**，⑤**ブランド・シナジー**が存在します（**図表8－1**）。

　販売シナジーは既存の設備・流通経路・販売組織などを共有することで，効率化を得られる相乗効果を指します。生産シナジーは，生産を行うための設備や情報を共有することで得られる相乗効果を指します。たとえば，原材料の一

図表8－1　シナジー効果

	主な効果
販売シナジー	共通の流通・販売経路の利用
生産シナジー	工場の操業度の上昇，一括大量仕入れ
投資シナジー	技術・ノウハウの共有，研究開発費の分担
マネジメント・シナジー	過去の経験・知識の活用
ブランド・シナジー	ブランド知名度の活用・展開

出所：藤田［2015］125頁をもとに筆者作成

括大量仕入れや工場の操業度の上昇などが挙げられます。投資シナジーは，研究開発などで情報を共有することで得られる相乗効果を指します。たとえば，技術やノウハウを共有することで，より優れた結果を得られる可能性が高まります。

マネジメント・シナジーは経営に関するノウハウを共有することで獲得できる相乗効果であり，企業の過去の経験や知識を活用することで，効果的な投資を実施することができます。ブランド・シナジーは高級ブランドによく見られるブランド拡張であり，既存ブランドの知名度を活用することで，効率的に新ブランドを展開することができます。

このように企業は未利用資源やシナジー効果を効果的に用いることで，より企業を成長させることができるため，複数の事業を営むことは企業にとって大きな利点となります。なぜなら，組織の効率性を高めることができ，企業の成長や利益率の向上などに努めることができるからです。このような理由から，多くの企業は規模が大きくなるに従って，事業規模を拡大し，複数の事業を営むようになっていきます。

2　多角化の類型

(1)　アンゾフの成長ベクトル

一口に事業を拡大するといっても，その方向性はさまざまであり，企業は自分たちがなにをしたいのかによって，その方向性を決めていかなければなりません。アンゾフは企業が事業を拡大する際の方向性として，**成長ベクトル**という概念を提示しています（**図表8−2**）。この成長ベクトルでは，拡張すべき市場を決定する際に製品が既存のものか新規のものか，市場が既存のものか新規のものかで4つに分類しており，それぞれの分類は市場浸透戦略，新製品開発戦略，市場拡大戦略，多角化戦略と呼ばれています。それではそれぞれの内容について見てみましょう。

市場浸透戦略は，既存市場で既存製品を売るため，市場需要の普及拡大を目指すことが目標となります。そのため，それまではターゲットではなかった客層へのアプローチを通じて新規顧客の獲得を目指します。さらに，すでに自社

製品

		既存	新規
市場	既存	市場浸透戦略	新製品開発戦略
	新規	市場拡大戦略	多角化戦略

出所：アンゾフ［1969］160頁をもとに筆者作成

の製品を利用している顧客に対しても，1人当たりの消費量を拡大させることで，企業の成長に結びつけることができます。たとえば，ビール会社が販売している缶ビールがこれにあたります。缶ビールが普及する前までは瓶ビールが主流でしたが，瓶ビールは単価が高かったこと，そして持ち運びが大変なこともあり，家庭での消費は限定的でした。しかしながら，缶ビール登場以降，持ち運びがしやすいこと，自動販売機の普及もあり購入が容易になったことで，ビールの消費量は飛躍的に高まり，1人当たりの消費量の拡大に成功しました。

　新製品開発戦略は，既存市場で新製品を売るため，製品ラインを拡大することで顧客の新製品の購入を目指します。たとえば，清涼飲料水の季節ごとの新商品の販売やスマートフォンのバージョンアップがこれに該当します。現代では，おそらくほとんどの社会人はスマートフォンを所持していますが，大幅な変更はなくても，新機能の追加や機能の向上をうたって，毎年のように新作が発表されています。そのため，現在利用しているスマートフォンがまだ利用可能であるにもかかわらず，顧客は新しいスマートフォンの機能などに惹かれて，買い替えを行います。このように新製品開発戦略では，新製品による製品の切り替えなどを通じて成長を目指します。

　市場拡大戦略は新市場で既存製品を売る戦略になります。現代において市場拡大という場合，その市場とは海外である場合がほとんどです。そのため，市場拡大戦略では市場の国際化・海外進出を目指すことが目標となります。海外で製品を売る場合には単に日本で製造していた製品をそのまま持っていっても売れない場合が多いため，現地に合わせたローカライズやニーズの発掘が重要

となります。

　多角化戦略は新市場で新製品を売る戦略になります。多角化戦略では，まったく関連のない製品・市場に１から挑戦することになりますが，たいていの場合，本当に１からの挑戦ではなく，これまで企業が培ってきた資源・能力を活かして，新しいことに挑戦することがほとんどです。たとえば，自転車部品を製造する株式会社シマノは釣具事業にも多角化しています。一見すると自転車と釣り具はなんの関係もなさそうですが，「レジャーを通して人々の健康に寄与する」というシマノの企業哲学にどちらも合致しています。加えて，自転車の部品を製造する際に培った金属加工技術は，釣り具のリール制作などに活かすことができます。このように既存の技術・知識を活かすことで，１から挑戦するのに比べて圧倒的に優位に事業を展開することができるのです。

第 8 章　多角化戦略

(2)　ルメルトとアンゾフの多角化の類型

　多角化の方法は決して１つではなく，ルメルト（Rumelt, R. P.）やアンゾフはそれぞれ多角化には複数のパターンがあるとしています。

　ルメルトは多角化のパターンとして，①**集約型多角化**と②**拡散型多角化**を提示しています（**図表８−３**）[1]。集約型多角化は各事業の関連性が非常に密で共通の経営資源をさまざまな分野で共通利用するタイプの多角化です。そのため，シナジー効果や範囲の経済を活かしやすい多角化であるといえます。一方で拡散型多角化は保有している経営資源をもとに新分野に進出し，その分野で蓄積した経営資源をもとに，新分野に進出するタイプの多角化です。集約型と

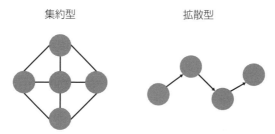

図表８−３　集約型多角化と拡散型多角化

集約型　　　　　　　　　　拡散型

出所：ルメルト［1977］42-44頁および吉原他［1981］15頁をもとに筆者作成

比較すると共通の経営資源は少なく事業間の関連性も薄くなります。その一方で，集約型多角化と比較するとより広範な経営資源を蓄積できるという特徴もあります。

アンゾフは多角化のパターンを，①**水平型多角化**，②**垂直型多角化**，③**集中型多角化**，④**集成型多角化**に分類しています。

水平型多角化とは，企業がすでに保有している生産技術を用いて同じ分野で事業を広げる多角化です。たとえば，清涼飲料水を販売していた企業がビールやワインなどのお酒を製造する場合などが当てはまります。

垂直型多角化は，これまで別企業が担ってきた上流・下流の工程の分野を自社で行うようにする多角化です。たとえば，外食チェーンが原材料の生産から流通・販売まで自分たちですべて担うようにする場合がこれに当てはまります。

集中型多角化は自社が保有している特定の技術を活用して，関連性の高い分野へ進出する多角化です。たとえば，富士フイルム株式会社は写真事業で培った技術を活かして化粧品事業に進出することで成功を収めました。

最後に，集成型多角化は従来の事業とは直接関係のない事業に進出する多角化です。既存事業と関連性のない事業への進出のため，シナジー効果や既存事業でのノウハウなどはほとんど活かすことができない多角化です。集成型多角化では成長性の高い分野に進出し収益力を高めることや，本業と関連の薄い分野に進出することで本業が失敗したときのリスクヘッジになりますが，そもそもの失敗のリスクが高い多角化であるといえます。

3　多角化のための組織構造

アメリカの経営史学者であったチャンドラー（Chandler, A. D.）が残した有名な命題に「組織は戦略に従う」があります。ここで述べられている組織とは，正確には組織構造を指します。第2章でも説明しましたが，組織構造とは分業と調整のパターン，つまりどのように仕事を分け，そして異なる仕事同士をどのように調整するのか，という定められた仕組みのことです。

組織構造には**職能別組織**や**事業部制組織**などがあります。職能別組織とは，開発や生産，財務，販売，人事といった職能を基準とした部門化をしている組

織構造を指します。これに対して事業部制組織とは、事業（製品・サービスの幅）や地域などを基準とした部門化をしている組織構造を指します。前述したチャンドラーによる命題は、その組織にとって最適な組織構造は、その組織が採用する戦略によって異なることを意味しています。そして、チャンドラーによれば多角化した企業には事業部制組織が適しているとされます。

では、なぜ多角化した企業には事業部制組織が適しているのでしょうか？職能別組織は企業の初期段階で多く見られる組織構造ですが、多くの企業は事業範囲を拡大するに従って事業部制組織に移行します。なぜなら、事業の数が増えたにもかかわらず職能別組織のままだと、たとえばテレビ事業部と半導体事業部でそれぞれ販売をしている従業員たちが同じ販売部門にいる状況になるからです。このような状況では、半導体を必要としている顧客が販売部門に連絡したときに、テレビのことしかわからない従業員が対応してしまうなど、非効率的な状況が発生する可能性があります。

そのため複数の事業を営む場合には事業部制組織を採用したほうが効率的に運営できる可能性が高いといえます。また、事業部制組織は各事業部で生産計画から販売まで完結しているため、どの事業が利益を上げているのか、どの事業がテコ入れが必要なのかなどが明確に判断しやすくなります。そのため、企業の戦略の方向性や次節で紹介するどの事業に投資を行うかの判断が行いやすくなることも、事業部制組織が多角化した企業に選ばれやすい理由です。

4 多角化のマネジメント

(1) 製品ライフサイクルとPPM

製品ライフサイクルとは、どのような事業（製品・サービス）にも、導入期から始まり、最後に衰退期を迎える栄枯盛衰が存在するという考え方です（図表8－4）。企業は1つの事業に固執してしまうと、その事業が衰退したときに企業自体の存続が危ぶまれてしまいます。そこで、製品ライフサイクルの異なる複数の事業を営むことで、企業は安定的な経営を目指すべきだと考えられています。

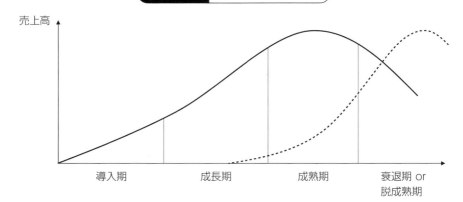

図表8-4　製品ライフサイクル

売上高

導入期　　　　　成長期　　　　　成熟期　　　　　衰退期 or
　　　　　　　　　　　　　　　　　　　　　　　　　　　　脱成熟期

出所：コトラー他［2014］403頁をもとに筆者作成

　しかし，企業が多角化して複数の事業を営む場合，必ず直面する問題として経営資源をどのように配分するかという問題があります。これは企業の持つ経営資源は有限であるため，どの事業になにをどれくらい配分するのかを決めなければならないからです。

　この問題に対して，アメリカのボストン・コンサルティング・グループが提唱した有名な戦略分析ツールとして**プロダクト・ポートフォリオ・マネジメント**（product portfolio management，以下PPM）があります（**図表8-5**）。PPMでは，各事業部門が置かれた状況をいくつかに分類することで，それぞれにとっての最適なアプローチを示しています。

　PPMでは「市場成長率」と「相対的市場シェア」の2つの軸で事業の状況を分類しています。

　市場成長率の高低は，シェアを維持するための広告出稿や生産規模の拡大のための設備投資など，必要となる資金の程度を表しているともいえます。市場成長率が高いと必要となる資金も多く，逆に市場成長率が低いと資金流出は少なくなります。これは製品ライフサイクルにそのまま当てはめることができ，「導入期」と「成長期」は市場成長率が高く資金流出も多くなります。「成熟期」と「衰退期」は市場成長率が低く，資金流出も少なくなります。ただし，市場成長率の高低は市場によって大きく異なるため，いくつ以上であれば高い

図表8−5　プロダクト・ポートフォリオ・マネジメント（PPM）

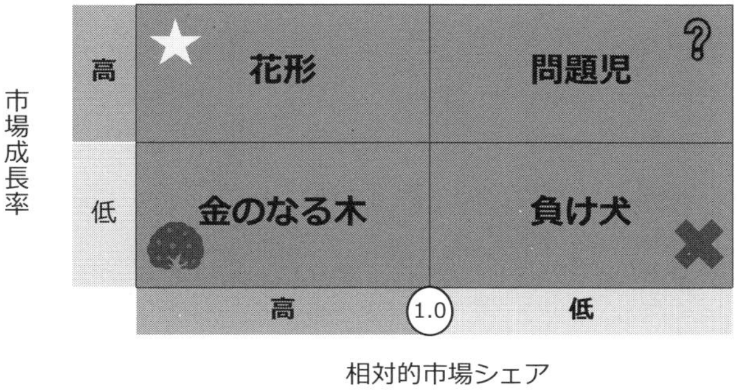

市場成長率

高　花形　問題児

低　金のなる木　負け犬

高　1.0　低

相対的市場シェア

出所：ヘンダーソン［1981］236頁をもとに筆者作成

といった絶対的な基準は存在せず，市場ごとに判断します。

　自社の相対的市場シェアとは，自社の市場シェアと自社以外で最大の市場シェアを占める企業のシェアを比較した値となります。たとえば，自社の市場シェアが20％で業界トップの企業のシェアが40％の場合，相対的市場シェアは20÷40＝0.5となります。逆に自社が業界トップで40％のシェアを持っており，業界2位の企業が20％の市場シェアを持っている場合，相対的市場シェアは40÷20＝2となります。PPMではこの相対的市場シェアが1を超えるかどうか，すなわち業界のトップか否かでとるべき戦略が異なるとしています。

　なぜならば，業界のトップである企業には**経験曲線**の効果が発揮されることで，他社よりも高い利益率を見込むことができるためです。経験曲線とは**図表8−6**に示されるように，製品の累積生産量が増加するに従い，製品の単位当たりの平均費用が低下する現象を指します。製品の種類にもよりますが，累積生産量が2倍になると，平均費用は20〜30％程度低減するとされています。この経験曲線の効果は，主に2つの要因によって生じます。1つ目は習熟効果と呼ばれ，作業員が仕事に慣れることで効率的に作業をできるようになります。2つ目は作業方法の標準化・マニュアル化であり，繰り返しの生産をする中で生産方法の標準化がなされることで，作業員は誰もが効率的に作業をできるようになります。

　この経験曲線の効果が発揮される業界においては，業界トップの企業は当然

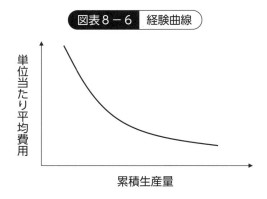

図表8－6　経験曲線

（縦軸）単位当たり平均費用

（横軸）累積生産量

出所：筆者作成

累積生産量も最大となり，生産コストも最も低くなり，利益率が高くなります。そのため，PPMの前提として，相対的市場シェアが高いほど獲得できる資金も多くなるとしています。

　この市場成長率の高低と相対的市場シェアをもとに，事業は①花形（star），②金のなる木（cash cow），③問題児（problem children），④負け犬（dog）の４つに分類できます。次にそれぞれの特徴を見ていきましょう。

①　花　　形

　花形に分類される事業はまだ市場の成長率が高く，製品ライフサイクルでいうと導入期や成長期にあたるため，シェアを維持するためには多額の投資が必要になります。しかしながら，相対的市場シェアが高く入ってくる資金も多くなります。そのため，花形自体は大きな収入源とはなりませんが，今後市場のライフサイクルが進み，成熟期・衰退期に入ると次に説明する「金のなる木」になる可能性が高いため，現在の市場シェアの維持が企業には求められます。

②　金のなる木

　金のなる木に分類される事業は市場成長率が低く，すでに成熟期や衰退期に入っています。そのため，すでに製品やサービスの知名度が消費者にしっかりと伝わっており，確固たるシェアも築かれているため，シェアを維持するため

の投資などはほとんど必要ありません。一方で相対的市場シェアは高いため，企業に入ってくる資金の量は多くなり，企業の安定的な収益源となります。

③ 問題児

問題児に分類される事業は市場の成長率が高く，シェアの維持・拡大には多額の投資を必要としますが，相対的市場シェアが低いため，入ってくる資金は少なくうまみの少ない分野です。しかし，問題児に資金を配分してうまく成長させることで，将来の花形や金のなる木に成る可能性もあるため，継続的な投資をして市場シェアの拡大を目指していく必要があります。

④ 負 け 犬

負け犬に分類される事業は市場成長率が低く，今後の発展が見込めないため，シェアを維持するだけであれば多額の投資を必要としません。しかし，相対的市場シェアも低く，入ってくる資金の量も少ない事業です。このように成長も利益も見込めない事業であるため，基本的には早期に撤退し，それによって得られる余剰資源を花形や問題児に再配分するべきです。

PPMからいえることは，企業はいかにして金のなる木を育成できるかどうかが重要だということです。そのため，金のなる木から得られる資金を花形や問題児に投資し，将来の金のなる木を継続的に育成していくことが求められます。

(2) ビジネス・スクリーン

PPMは各事業にどのように資源を配分すべきかをわかりやすく示してくれますが，PPMは自社の立ち位置を相対的マーケットシェアのみで捉えており，企業ごとの特徴や強みなどがまったく考慮されていません。また，市場に関しても成長率のみで捉えているため，その市場の利益率，すなわちどれくらい儲かるのかについては考慮されていません。

こうしたPPMの限界点を考慮し，アメリカのコングロマリット企業であるGE（ゼネラル・エレクトリック）によって考案されたのが，**ビジネス・スク**

図表8−7　ビジネス・スクリーン

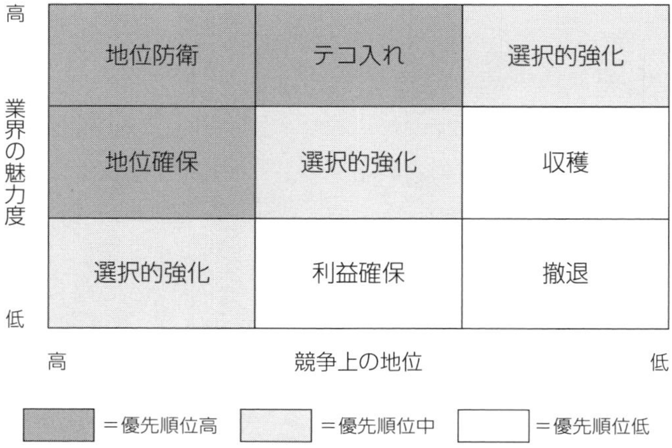

業界の魅力度 高		
地位防衛	テコ入れ	選択的強化
地位確保	選択的強化	収穫
選択的強化	利益確保	撤退

高　　　　　　　　　　　競争上の地位　　　　　　　　　低

■ ＝優先順位高　　□ ＝優先順位中　　□ ＝優先順位低

出所：筆者作成

図表8−8　業界の魅力度を評価する指標

指標の種類	内容
市場規模と成長率	成長率，安定度
収益性	利益率，キャッシュフロー
競争の程度	買い手・売り手の交渉力，寡占度，参入障壁，代替製品
産業構造	資本集約型，労働集約型，固定費型，変動費型
マクロ環境（PEST）	政治，経済，社会，技術

出所：筆者作成

リーンです（**図表8−7**）。このビジネス・スクリーンではPPMをさらに複雑・高度化し，「業界の魅力度」と「自社の競争地位」の2軸を3段階に分け，企業の成長戦略を3×3の9つの象限に分けて説明しています。

　縦軸の業界の魅力度は，その業界の今後の成長可能性がどの程度かに比例しています。業界の魅力度を評価する際には，**図表8−8**の指標を用いてその高低を決定します。

　ビジネス・スクリーンでは，どの指標を用いなければならないといった決まりがあるわけではなく，分析者がどの指標が適切かを自分で考えて選択する必

図表8－9　競争地位を評価する指標

指標の種類	内容
市場シェア	相対的マーケットシェア
ブランド認知度	ブランドの認知度，ブランド力
顧客ロイヤリティ	顧客ロイヤリティ，顧客資産
製品の独自性	商品力，販売チャネル，技術力
経営資源	ヒト・モノ・カネ，情報，経営ノウハウ

出所：筆者作成

要があります。この点もビジネス・スクリーンがPPMと大きく異なる点です。

　横軸の自社の競争地位は，競合他社と比較して自社の強みがどの程度あるのかで示されます。自社の競争地位を評価する際には，**図表8－9**の指標を用いて決定します。

　ビジネス・スクリーンでは，どこに投資すべきか優先順位が定められており，基本的には優先順位の高い象限にある事業に投資すべきであると考えられています。

　投資を行う優先順位の高い3つの象限は，競争地位をより高めるために積極的な投資をすべき象限であり，PPM分析では花形，あるいは花形に近い問題児に該当します。逆に優先順位の低い3つの象限は利益の回収や撤退を検討すべきであり，できるだけ投資すべきではない対象とされています。PPM分析では，利益が減少し始めた金のなる木，あるいは負け犬が該当します。最後に優先順位が中程度の3つの象限は，魅力的な業界ではあるが自社の競争力が低かったり，魅力の少ない業界ではあるが高い競争力があったりする場合がこれに該当します。これらは安定的な収益を上げることも多く，事業を継続するかは経営判断に任されることになります。もちろん，単に保持するだけではなく，競争力を高めたり，より魅力的な業界に進出したりすることで優先順位の高い象限に移行することも考えられます。

　PPM分析とビジネス・スクリーンのどちらにもいえることですが，個別の事業だけを見て事業の継続や撤退を判断することは困難です。そのため，多角化企業はまず自社のすべての事業を分析の枠組みに当てはめ，自社にとっての

それらの位置づけを明確にする必要があります。その上で企業全体としての戦略の方向性を定め，それを前提に個別の事業の戦略を考えていくことが多角化企業の成長には重要です。

《注》

1）　ルメルト［1977］では，単位事業の売上高構成比率からより細かく本業集約型・拡散型，関連集約型・拡散型，本業非関連型と分類していますが，本章では割愛します。また，吉原他［1981］はルメルト［1977］の多角化の分類手法を踏襲し，日本企業を対象とした多角化研究を行っています。

| コラム | 経験曲線と規模の経済の違い |

　経験曲線とよく似た効果として，**規模の経済**という現象が存在します。規模の経済とは，製品の生産量が増加するほど単位当たりの費用が低下する現象です。これに対して経験曲線は，製品の累積生産量が増加するほど単位当たりの費用が低下する現象でした。説明だけ見ると，生産量と累積生産量という言葉の違いだけですが，これらはどう違うのでしょうか？

　たとえばこれまで工場で1日当たり100個つくっていた製品を5倍の500個作るようになったとします。この時，製品をつくる費用には，材料費など製品1個当たりの製造に毎回必要な変動費と，工場の土地や機械設備など製品の製造個数に関係なくかかる固定費の2種類があります。製品を5倍つくる場合でも1個当たりの変動費は大きく変化しませんが，固定費は大きく変化します。たとえば製品の製造に必要な機械を1日1億円でレンタルしている場合，100個つくる場合の製品1個当たりの機械の費用は1億円÷100個で100万円となります。これに対し，500個つくる場合は1億円÷500個で20万円となります。このように生産規模が大きくなるほど，製品1個当たりにかかる固定費が小さくなるのが規模の経済の効果です。

　これに対して経験曲線では，作業員が仕事に慣れたり，マニュアル化が進み仕事の効率性が上がることで，製品の不良率が下がったり，1個当たりの製造にかかる時間が短縮されることで生産性が上がり，製品1個当たりにかかる費用が小さくなるのです。

　このように，経験曲線と規模の経済はどちらも製品のコスト低下に寄与しますが，その影響の与え方はまったく違うのです（**図表8−10**）。

図表8−10　経験曲線と規模の経済の違い

規模の経済	経験曲線
生産量の増加	**累積生産量**の増加
生産量による 1個当たり**固定費の低下**	**経験**による 1個当たり**製造コストの低下**
事業の**規模が大きいほど** 競争力が高まる	事業の**継続期間が長いほど** 競争力が高まる

出所：筆者作成

📖 参考文献

- Ansoff, H. I.［1965］*Corporate Strategy: An Analytic Approach to Business Policy for Growth and Expansion*, McGraw-Hill.（広田寿亮訳『企業戦略論』産業能率短期大学出版部，1969年）
- Henderson, B. D.［1979］*Henderson on Corporate Strategy*, Harpercollins College Div.（土岐坤訳『経営戦略の核心』ダイヤモンド社，1981年）
- Kotler, P. & Keller, K. L.［2006］*Marketing Management*（*Twelfth Edition*），Prentice-Hall.（恩蔵直人・月谷真紀訳『コトラー＆ケラーのマーケティングマネジメント（第12版）』丸善出版，2014年）
- Penrose, E. T.［1959］*The Theory of the Growth of the Firm*, Oxford, UK: Basil Blackwell.（末松玄六監訳『会社成長の理論』ダイヤモンド社，1962年）
- Rumelt, R. P.［1974］*Strategy, Structure, and Economic Performance*, Boston, MA: Harvard Business School Press.（鳥羽欽一郎他訳『多角化戦略と経済成果』東洋経済新報社，1977年）
- 藤田誠［2015］『経営学入門』中央経済社。
- 吉原英樹・佐久間昭光・伊丹敬之・加護野忠男［1981］『日本企業の多角化戦略：経営資源アプローチ』日本経済新聞社。

第**9**章

M&A

　本章では，M&Aについて取り上げます。M&Aは企業成長を実現する上で極めて重要な手段です。通常，M&Aは合併と買収のことを指しますが，M&Aにはさまざまな動機と手法があります。とりわけ，M&Aの手法についてはそれぞれのメリット，デメリットを踏まえた上で，M&Aの目的に最適な手法を選択することが大切です。さらに，M&Aには友好的M&Aと敵対的M&Aの2つのタイプがありますが，2000年以降，日本国内でも敵対的M&Aが見られるようになりました。このため，企業が敵対的M&Aに対していかに対処すべきかについても考える必要があります。他方，たとえ友好的M&Aであっても必ずしも成功する確率が高いわけではありません。M&Aを進める上でどのような問題が生じるのでしょうか？　本章では，M&Aの動機と手法，敵対的M&Aと買収防衛策，M&Aの問題について概説します。

1　M&Aの概要

　企業成長を実現する手段として多角化がありますが，企業内の経営資源だけでは賄うことができないことがあります。この場合，企業は外部の経営資源に頼らなければなりませんが，その際の主な方法に**提携**と**M&A**があります。提携（alliance）とは，組織間のゆるやかな協力関係を意味しています。他方，M&Aとは，mergers（合併）とacquisitions（買収）の略であり，企業同士が統合して1つになったり，ある企業が他の企業自体やその企業の一部の事業を買ったりする行為をいいます（知野・岡田［2018］）。

M&Aの動機や手法等の具体的な内容については次節以降で説明しますが，まずは日本のM&Aの現状について見ることにしましょう。**図表9－1**にあるように，1990年代半ば以降，リーマンショック（2008年）による落ち込みが見られる時期があるものの，M&A件数が増加傾向にあることがうかがえます。マーケット別では，IN-IN型M&Aの件数の伸びが最も大きくなっています。ただし，日本企業同士のM&A活動が活発になってきているとはいえ，その内訳は必ずしも大企業中心ではなく，日本国内の企業数で圧倒的大多数を占める中小企業によるM&Aがかなりの割合を占めているという指摘もあります（尾関・小本［2006］）。現在，中小企業経営者の平均年齢は60歳以上であり経営者の高齢化が進んでいます。さらに，『中小企業白書2020年版』によれば，後継者不在率（後継者不在企業の割合）は60％以上となっており，中小企業の後継者不在が深刻化しています。一般にM&Aというと，売上・市場シェアの拡大や事業多角化を進める手段として捉えられる傾向にありますが，中小企業経営者の高齢化や後継者不足が深刻化する中，事業承継系M＆Aも年々増加している点にも留意する必要があります（**図表9－2**）。

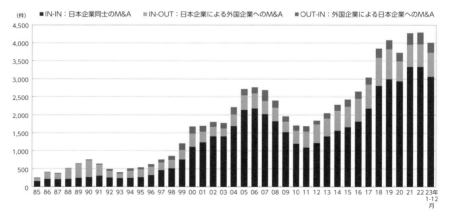

図表9－1　マーケット別のM&A件数の推移

出所：株式会社レコフ『MARR Online』

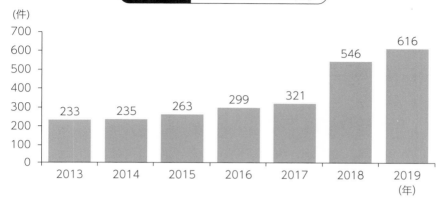

図表9－2　事業承継系M&Aの推移

出所：中小企業白書［2020］141頁をもとに筆者作成

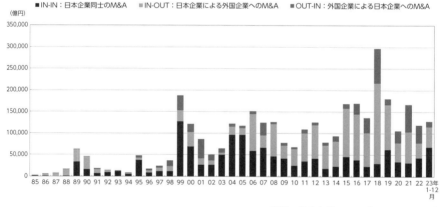

図表9－3　マーケット別M&A金額の推移

出所：株式会社レコフ『MARR Online』

　次に，M&A金額の推移についても見てみましょう。**図表9－3**によれば，1985年のプラザ合意以降，IN-OUT型M&Aの金額が増加しています。これは日本企業が豊富な資金力をもとに外国企業を買収した時期であり，M&A件数自体はそれほど多くはありませんでしたが，株式会社ブリヂストンによる米国ファイアストン社買収やソニー・ピクチャーズ・エンタテインメントによるコロンビア・ピクチャーズ・エンタテインメント買収等，大型M＆Aが成立した

時期でした。この傾向はバブル経済が崩壊するまで続きました。その後の傾向としては，2006年以降のIN-OUT型M&Aの増加が特徴的ですが，これは少子高齢化が進む日本で将来的な国内市場の縮小が避けられない中で，海外市場を求めて日本企業が買収を行っているためであり，今後もこの傾向は続くことが予想されています（知野・岡田［2018］）。

2　M&Aの動機と手法

　前節で見たように，昨今，M&A件数が増加している傾向にありますが，そもそも企業はなぜM&Aを活用するのでしょうか？　また，M&Aを進めるためにはどのような手法があるのでしょうか？　本節では，M&Aの動機と手法について確認します。

　まずはM&Aの動機から見ることにしましょう。図表9－4に示したように，M&Aを行う動機にはさまざまなものがあります。

図表9－4　M&Aを行う動機

規模の経済
　同一業界内の企業買収（水平的M&A）により，生産拠点を集約することができれば，生産規模が拡大し，コストを削減できる。

市場支配力の強化
　同一業界内の企業買収（水平的M&A）により，規模の経済が働くが，生産規模が大きくなればなるほど，当該企業の製品が市場でますます浸透することになる。

スピーディな経営資源の獲得
　企業が多角化に必要な経営資源や能力を保有していない場合，すでにそれらを保有する企業を買収することで，不足する経営資源をスピーディに獲得することができる。

取引コストの削減
　売り手や買い手の買収（垂直的M&A）により，取引コストが削減できたり，円滑な取引が実現できる。

不振事業からの撤退
　売上や利益が上がる見込みのない事業を他社に売却することができれば，これまで投下した資本の一部を回収できる。

新市場の開拓
　海外市場に参入する際，現地企業を買収することにより，スピーディに参入することができる。

出所：筆者作成

次に，実際に企業がM&Aを実施する上でどのような手法があるのでしょうか？　ここでは主要なM&Aの手法について確認します（**図表9－5**）。

(1) 合　　併

まず，合併は複数の企業を1つに統合する手法であり，**吸収合併**と**新設合併**の2つのタイプに分けることができます。吸収合併は合併しようとする企業のうち1社が存続会社となり，消滅する会社のすべてを存続会社が引き継ぎますが，新設合併は合併しようとする複数の企業すべてが消滅して，新設される会社に吸収されます。吸収合併の例としては，2011年に株式会社三越を存続会社とし，株式会社伊勢丹を消滅会社とする合併を行い，株式会社三越伊勢丹が誕生しました。また，新設合併の例としては，株式会社三越（旧三越），株式会社千葉三越，株式会社名古屋三越，株式会社福岡三越，株式会社鹿児島三越の百貨店5社が，2003年に新設合併することにより，株式会社三越（現三越）が誕生しました。

図表9－5　M&Aの手法

出所：筆者作成

(2) 買 収

　次に，買収について見ることにしましょう。買収は①株式取得と②事業譲渡に分けて考えることができます。

① 株式取得

　株式取得は，「企業の株式を取得してその企業の支配権を獲得する手法」であり，株式を取得する方法の違いにより，株式譲渡，株式交換・移転，第三者割当増資の３つの手法があります。

　株式譲渡は，「既存株主から発行済み株式を直接譲り受ける手法」です。たとえば，当該企業の創業者や大株主から直接譲り受けます。ただし，対象となる企業が上場企業の場合，一定以上の発行済み株式を取得するためにはTOB（take-over bid）の手続きを経なければならない場合があります。TOBとは「株式公開買付け制度」のことであり，株式を証券取引所等で買い付ける市場買付とは違い，「買付け期間・価格・株式数を新聞などで公告した上で，証券取引所を通さずに大量に株式を買い付けること」を意味します。**株式交換・移転**は，「親会社となる買収企業が被買収企業の株主から株式を譲り受け，その対価として自社株式を割り当てる手法」です。この手法は自社株式を割り当てるため，現金が必要ない点がポイントです。この際，既存企業が親会社となる場合を「株式交換」といいます。たとえば，株式会社ゼンショーホールディングスが関東を中心にスーパーマーケットを展開する株式会社マルヤを株式交換により完全子会社化しました。これに対して，新設した企業が親会社になる場合を「株式移転」といいます。2014年に株式会社KADOKAWAと株式会社ドワンゴが株式移転により経営統合し，株式会社KADOKAWA・DWANGO（株式会社KADOKAWA）が設立されました。**第三者割当増資**とは，「不特定多数を相手に行う公募増資とは異なり，特定の第三者に新株を引き受ける権利を付与して行う増資」をいいます。

② 事業譲渡

　事業譲渡は，「ある特定の事業の全部または一部を譲渡する手法」です。こ

こで「事業」とは，「ある一定の営業目的のために有機的に結合された組織的財産」を指しており，有形の動産や不動産のほか，債券・債務，特許権などの無形財産，ノウハウや取引先との関係，人材，経営組織等を含む包括的概念です（尾関・小本 [2006]）。このため，営業の伴わない単なる財産の譲渡，債務の引継ぎは事業譲渡ではありません。ここで注意しなければならないのは，事業譲渡の場合，事業に関わる資産，負債，特許，人材，ブランド等について個別に移転手続きが必要であるという点です。つまり，事業譲渡契約書に譲渡対象となる特許やブランド等を個別に明記したものだけが移転され，明記していないものは移転されないのです。事業譲渡は手続きが煩雑になりがちであるものの，偶発債務のリスクがある場合，事業譲渡の対象範囲から明示的に除外してリスクを回避することができます。

(3) 分　　割

事業譲渡と混同しやすいM&Aの手法に**分割（会社分割）**があります。分割とは，「会社の全部または一部の事業を切り離し，別会社に移転する手法」です。移転先は新設会社と既存会社の2つがありますが，新設した会社に移転する場合を**新設分割**，既存会社に移転する場合を**吸収分割**といいます。先の事業譲渡との比較でいえば，事業譲渡の場合は個別に移転手続きが必要ですが，会社分割の場合は包括的に移転されるため，事業譲渡に比べて手続きを簡素化することができるメリットがあります。

以上のように，M&Aの手法にはさまざまなものがあります。もちろん，上記以外もありますが，ここでは基本的なものに限定して取り上げました。また，本章では取り上げていませんが，M&Aを行う場合，その手法だけではなく，税務会計や法制度にも注意しなければなりません。重要なことは，それぞれのメリット，デメリットを踏まえた上で，M&Aの目的に最適な手法を選択することです。

3　敵対的M&Aと買収防衛策

(1)　敵対的M&A

　M&Aには友好的M&Aと敵対的M&Aがあります。友好的M&Aは買収対象企業の取締役会の同意を得て実施するM&Aをいいます。したがって，友好的M&Aの場合，合併，株式交換，事業譲渡，会社分割等の一般的な手法により，M&Aが実施されます。これに対して，敵対的M&Aは買収対象企業の取締役会の同意を得ることなく実施するM&Aです。ここで留意すべきは，会社の正式な意思決定機関である取締役会の同意であって，必ずしも経営陣の同意ではないということです（江川［2018］）。というのも，平時においては企業の経営陣と取締役会との間に意見の相違は少ないものの，敵対的M&Aを仕掛けられた場合，意見が分かれることがあるためです。たとえば，敵対的M&Aが多いアメリカでは，現状の株価を大きく上回る価格での買収提案を受けたとき，経営陣が反対しても取締役会が同意することがあるのです。敵対的M&Aについては1980年代のアメリカのM&Aブームの中で増加しましたし，日本では2000年に入ってから見られるようになってきました。たとえば，2005年には株式会社ライブドアが株式会社ニッポン放送に対して敵対的TOBを仕掛けたことは世間を驚かせました。さらに，2006年には王子製紙株式会社が北越製紙株式会社（北越コーポレーション株式会社）に敵対的TOBを仕掛けましたが，このTOBは失敗に終わりました。しかしながら，①業界トップの王子製紙が行ったこと，②この敵対的TOBに大手証券会社の野村證券が財務アドバイザーとして関わっていたこと（尾関・小本［2006］）は，日本でも本格的な敵対的M&Aがいつ起こってもおかしくない時代に入ったことを印象づけるものでした。

(2)　買収防衛策

　ところで，企業はこうした敵対的M&Aに対していかに対処すべきなのでしょうか？　ここでは，平時の防衛策（敵対的M&Aの予防策）と有事の防衛策（敵対的M&Aを仕掛けられてからの防衛策）の2つに分けて考えてみま

しょう（江川［2018］；伊藤［2021］）。まず，代表的な平時の防衛策にはライツ・プランをはじめ，いくつかの防衛策があります（**図表9－6**）。

図表9－6　代表的な平時の防衛策

ライツ・プラン （ポイズン・ビル）	買収者が株式を買い占めた場合，その他の株主が市場よりも低い価格で株式を取得できる権利を予め付与することにより，買収者の持株比率を希薄化する。
ゴールデン・パラシュート	買収後に役員が解任された場合，通常の退職時に比べて莫大な退職金を支払う契約を予め締結することにより，企業価値を下げる。また，役員ではなく，従業員を対象にしたものをティン・パラシュートという。
ゴールデン・シェア （黄金株）	正式には，拒否権付種類株式。重要な事項（合併，取締役の選任・解任等）について，拒否権を有する株式を一部の友好的な株主・創業者等に付与する。
シャーク・リペラント （サメ除け）	・スーパー・マジョリティ条項 株主総会における決議要件を厳しくする条項を定款に定めることで，買収企業が買収後の重大な意思決定をしにくくする。 ・スタッガード・ボード 取締役の任期（改選時期）をずらし，1回の株主総会で取締役の全員を変更できないようにすること。買収者は役員派遣を行いにくくなるため，買収者に経営権を握られるまでに時間を稼ぐことができる。
ホワイト・スクワイア （白馬の従者）	敵対的M&Aを仕掛けられた企業の株式の一部を取得する友好的な第三者のこと。ホワイト・ナイト（白馬の騎士）との関係よりゆるやかであり，防衛後も企業の自主独立性を保つことができる。

出所：江川［2018］269頁および伊藤［2021］497頁をもとに筆者作成

　上記の予防策以外にも，たとえば敵対的M&Aに備え，定款を変更して授権資本枠（定款に定められた発行株式総数）を拡大して第三者割当増資の枠を拡大したり，友好的な安定株主を増やしたりすることも防衛策になります。また，株式公開のメリットよりも敵対的M&Aの脅威のほうが大きいと判断した場合，MBO（management buyout：経営陣による企業・事業買収）によって株式の非公開化を進めることも有効です。

　次に，有事の防衛策として代表的なものには，**ホワイト・ナイト**，**パックマ**

図表9−7	代表的な有事の防衛策
ホワイト・ナイト （白馬の騎士）	敵対的買収者に対抗して有利な条件で買収してくれる友好的な第三者のこと。ホワイト・ナイトとなる企業が，敵対的M&Aを仕掛けられた企業の第三者割当増資や新株予約権を引き受ける。
パックマン・ディフェンス	敵対的M&Aを仕掛けられた企業が，逆に買収者に対してTOBを仕掛けて敵対的M&Aを仕掛けてきた企業の経営権を握ろうとすること。
クラウン・ジュエル （王冠の宝石）	企業の重要な事業や資産を第三者に譲渡したり，分社化したりすることによって企業価値を引き下げ，敵対的M&Aを仕掛けてきた企業の買収意図を挫くこと。

出所：江川［2018］269頁および伊藤［2021］500頁をもとに筆者作成

ン・ディフェンス，クラウン・ジュエルがあります（**図表9−7**）。

　この他に，増配も有効な防衛策になることがあります。増配は株価にプラスマイナスの影響を与えますが，株価が上昇した場合は敵対的M&Aのコストが膨らむためです。また，増配により現預金が社外に流出することで買収対象としての魅力を減少させる効果もあります（伊藤［2021］）。なお，ホワイト・ナイトへの新株発行等，有事の防衛策を実行する際には，既存株主の不利益につながることもあるため，慎重な判断が必要になります。

4　M&Aの問題

　M&Aは企業の競争力を高める重要な手段であるとはいえ，実は成功確率はそれほど高いわけではありません。実際のところ，M&Aを進める上ではさまざまな問題が生じますが，主なものには以下があります。

・買収対象企業の評価（デュー・ディリジェンス）が難しい。
・多額の負債を抱えてしまう場合がある。
・期待したシナジー効果が発揮されない。
・組織統合（PMI）が難しい。

上記のうち，M&A全体のプロセスのうちでしばしばその重要性が指摘され
る問題は，デュー・ディリジェンスと組織統合に関わる問題です。

(1) デュー・ディリジェンス（以下，DD）

　DDとは，「M&Aを行うにあたり，対象会社（事業）に対する実態を把握し，
諸問題の有無を確認するために行う調査」のことです（伊藤［2021］）。基本的
なDDには，ビジネスDD，ファイナンシャルDD，リーガルDDの3つがあり
ます（図表9−8）。

図表9−8　デュー・ディリジェンスの区分と概要

区分	概要
ビジネスDD	• 開発，購買，生産，販売，研究開発などの実態調査 • 外部の事業環境の把握 • 事業の将来性，成長可能性に関する分析　など
ファイナンシャルDD	• 決算書の適否 • 過去の財務数値の推移や資金繰りの実態把握 • 将来の損益見通し　など
リーガルDD	• 定款，登記事項などの確認 • 重要な契約事項に関する調査 • 係争とそれに伴う損害賠償などの調査　など

出所：伊藤［2021］479頁

　まず，ビジネスDDは，M&A対象企業（事業）の内部環境と外部環境の精
査を行い，将来性や成長可能性を分析します。企業内のさまざまな部門の実態
調査だけではなく，ライバル企業，顧客，取引先も含め，M&A対象企業（事
業）の内外環境を多角的に分析します。

　次に，ファイナンシャルDDは，決算書や財務数値に関する調査を行います。
具体的には，過去の財務データをもとに将来的に期待できる損益の見通しを立
てるだけではなく，不良債権や不良在庫の有無，さらには不正な取引や会計処
理がなされていないか等，リスク情報についても調査をします。

　最後に，リーガルDDは，法的基本事項（定款，登記事項等）の把握から，
重要な契約事項（他社との提携，販売契約等）に関する調査を行います。また，

M&A対象企業（事業）の訴訟または係争問題の有無および想定される損害賠償の金額についても調査します。

　なお，上記の３つのDDを進めるためには高度な専門的な知識を必要とします。このため，基本的にはビジネスDDはコンサルティング会社が，ファイナンシャルDDは会計士が，リーガルDDは弁護士が中心になって行います。しかしながら，M&A対象企業（事業）の業種に特殊性があったり，M&A対象企業（事業）のある特定の分野にM&Aの主眼があったりする場合，上記の３つのDD以外に，それらに関連するDDを進めることが重要です。たとえば，知的財産の場合であれば知財DDが，不動産の場合であれば不動産DDがDD全体の成功の鍵を握ることになります。

　以上のように，さまざまな観点から多くの専門家が関与してDDは進められるのです。ただし，DDでは多くの専門家が関わるとはいえ，DD自体には強制力がないため，必ずしもM&A対象企業（事業）がすべての情報を包み隠さず提出するとは限らず，都合の悪い情報を故意に隠す場合もあります。この結果，たとえ多くの専門家がDDに関わったとしても，M&Aを進める上で重要な情報を得ることができず，それが原因でM&Aの失敗につながることが少なくありません。

(2)　組織統合（PMI）

　次に，組織統合（PMI）の問題について見てみましょう。PMIとは，post merger integrationの略であり，まさにM&A後の組織統合や諸問題を意味しています。

　具体的には，PMIは経営統合（理念・戦略，マネジメントフレームの統合），業務統合（業務・インフラ，人材・組織・拠点の統合），意識統合（企業風土や文化の統合）からなります（江川［2018］）。

　PMIについて議論する際に，度々引用されるのがハスペスラフ（Haspeslagh, C.）とジェミソン（Jemison, B.）が1991年に出版した*Managing Acquisitions: Creating Value Through Corporate Renewal*の中で示した統合アプローチの図です。これによれば，M&A後の組織統合は，戦略的相互依存（strategic in-

図表9－9　組織統合のタイプ

		戦略的相互依存の必要性	
		低	高
組織的自律の必要性	高	保存型（preservation）	共生型（symbiosis）
	低	［持株型（holding）］	吸収型（absorption）

出所：Haspeslagh & Jemison［1991］p. 145を参考に筆者作成

terdependence）の必要性と組織的自律（organizational autonomy）の必要性
の２つの次元から，吸収型統合，保存型統合，共生型統合の３つのタイプに類
型化することができます（**図表9－9**）。

① 吸収型（absorption）

吸収型は，戦略的相互依存の必要性が高く，組織的自律の必要性が低い組織
統合のタイプです。このタイプは，しばしば買収企業よりも組織規模が小さい
被買収企業を取り込む場合に用いられます。買収企業と被買収企業の業務，組
織，文化の完全な統合を進め，これら２つの企業間における企業境界の解消を
意図しているため，被買収企業にさまざまな変更をもたらすことになります。

② 保存型（preservation）

保存型は，戦略的相互依存の必要性が低く，組織的自律の必要性が高い組織
統合のタイプです。このタイプでは，被買収企業の業務，組織，文化は買収企
業の影響を受けないようにすることが優先されており，別の企業としてある程
度の自律性が付与されています。このタイプでは，買収企業による被買収企業
からの学習や能力の移転だけではなく，被買収企業の事業が買収企業のコア事
業以外の新たな事業に発展することが期待されます。

③ 共生型（symbiosis）

共生型は，戦略的相互依存と組織的自律の必要性がともに高い組織統合のタ
イプです。このタイプは戦略的相互依存と組織的自律の必要性が伴に高いため，
企業境界を維持しつつ，同時に企業境界を越えて能力やスキルの移転を進める

第9章 M&A

ことが求められます。したがって，買収企業と被買収企業との間で組織的問題
（異なる文化や業務の進め方の違い等による）が発生しやすくなります。共生
型統合では，こうした組織的問題の発生を最小限に抑えるための極めて高度な
マネジメントが求められます。

　なお，持株型（holding）についてですが，このタイプは組織統合の意図が
ないと捉えられるため，組織統合タイプに含まれてはいません。
　以上，PMIについては「PMIなきM&Aはない」といっても過言ではないく
らい極めて重要なことであるにもかかわらず，M&Aを活用しようとする企業
の関心はそれほど高いわけではありません。たとえPMIの重要性を理解したと
しても，「明確な期限がない」，「進め方に決まった手順がない」，「日々の経営
の延長線上の活動として捉えられている」といった理由から，PMIは無意識的
に劣後・放任されがちであるといえます（久野［2023］）。この点では，M&A
を成功させるためには，「そもそもM&Aの目的はなにか？」，「目的達成のた
めにはM&A後にどのような形でビジネスを運営すればよいのか？」といった，
いわばPMIを意識したM&Aプロセスを心掛けることが大切であるといえます。

コラム　アメリカのM&A小史

　M&Aは100年以上前のアメリカを起源としており，少なくともこれまでに5回のブーム（5つの波）があったといわれています。

　第1の波は，1890年代から1900年代に起こりました。この時期のアメリカでは鉄道網の発展により全米に巨大な統一的市場が形成され，激しい企業間競争が繰り広げられていました。企業は激化する競争を回避し，産業内の支配力を獲得するために「水平統合型のM&A」を進めましたが，その結果，各産業（鉄道，鉄鋼，石油など）において強力な力を有する独占企業が誕生しました。第2の波は，1920年代に生じました。このブームの特徴は，反トラスト法によって水平統合が制限されていたため，川下企業や川上企業との「垂直統合型のM&A」が行われ，多くの産業で寡占化が進んだことです。第3の波は1950年代後半から1960年代にかけて起こりました。このブームの特徴として，第1の波と第2の波を経て水平統合や垂直統合を目的としたM&Aが反トラスト法の強化によって制限されたため，異業種の買収を進めざるを得なかったことが挙げられます。このため，このブームでは企業成長を求めた「コングロマリット型M&A」が進められました。第4の波は，1975年から1980年代にかけての時期であり，「巨大企業同士のM&A」が盛んに行われました。このブームでは，KKRによるナビスコ買収（250億ドル），フィリップモリスのクラフト買収（129億ドル）等，メガ・ディール（大型取引）によるM&Aの他，**LBO**（leveraged buyout：買収対象企業が保有する資産を担保に資金を調達するM&Aの手法）や敵対的買収が増加しました。

　なお，1990年代以降にも，金融，バイオ，マルチメディア，通信，医薬・医療，石油，軍需等の分野で第5の波として捉えられるM&Aブームがありました。このブームでは第4の波のときのような派手な敵対的買収は影を潜めましたが，件数および金額においてそれまでの4つのブームを大幅に上回っています。

📖 参考文献

- 新井富雄・日本経済研究センター編［2007］『検証　日本の敵対的買収：M&A市場の歪みを問う』日本経済新聞出版社。
- 伊藤邦雄［2021］『企業価値経営』日本経済新聞出版。
- 牛島辰男［2022］『企業戦略論：構造をデザインする』有斐閣。
- 江川雅子［2018］『現代コーポレートガバナンス：戦略・制度・市場』日本経済新聞出版社。
- 尾関純・小本恵照編著［2006］『［新版］M&A戦略策定ガイドブック』中央経済社。
- 久野雅志［2023］『最強のM&A：異質を取り込み企業の成長を加速させる指針と動作』東洋経済新報社。
- 澤田直宏［2020］『ビジネスに役立つ経営戦略論：企業の戦略分析入門』有斐閣。
- 知野雅彦・岡田光［2018］『M&Aがわかる』日本経済新聞出版社。
- 中小企業庁編［2020］『中小企業白書2020年版』日経印刷。
- 服部暢達［2004］『実践M&Aマネジメント』東洋経済新報社。
- 松井和夫・奥村晧一［1987］『米国の企業買収・合併：M&A&D』東洋経済新報社。
- 宮島英昭編著［2007］『日本のM&A：企業統治・組織効率・企業価値へのインパクト』東洋経済新報社。
- Haspeslagh, C. & Jemison, B.［1991］*Managing Acquisitions: Creating Value through Corporate Renewal*, The Free Press.
- Wasserstein, B.［1998］*Big Deal: The Battle for Control of America's Leading Corporations*, Warner Books.（山岡洋一訳『ビッグディール（上・下）』日経BP社，1999年）

🔍 参考ウェブサイト

- MARR Online「グラフで見るM&A動向」https://www.marr.jp/menu/ma_statistics/ma_graphdemiru/entry/35326（最終閲覧日：2023年12月8日）

第10章

戦略的提携

近年，企業を取り巻く環境はますます不連続で予測不可能なものになっています。その中で，企業が自社の内部資源だけでなく，外部資源を活用するための手段に対する関心が高まっています。特に，本章で取り上げる戦略的提携はM&Aなどに比べ相対的にリスクやコストを抑えることが可能であることから，企業の戦略的オプションとして注目されています。

本章では，戦略的提携とはなにかを明らかにした上で，企業が戦略的提携を行う動機やプロセスについて説明します。さらに，戦略的提携と組織能力がいかに関係するかを，ダイナミック・ケイパビリティ論やリレーショナル・ビューの見解を紹介しながら解説します。

1　戦略的提携とはなにか？

(1)　戦略的提携の定義

提携（alliance）の概念は研究者によって異なり，厳密にはいまだ統一した定義が得られていない状態にあります。しかし，共有された戦略目標の達成を意図した2つ以上の組織の間の協力関係（ダイアー&カレイ［2010］）を示す概念であるという点ではある程度のコンセンサスがあると考えられます。このような協力関係は，製品・サービスの開発，製造，販売などさまざまな面で構築することが可能です。

企業が外部資源を活用するにあたっては，提携の他にもアウトソーシング（outsourcing）やM&A（mergers and acquisitions）といった手段が存在しま

す。アウトソーシングとは「自社の業務を外部組織に委託する形態」であり，M&Aとは「外部組織を買収，分割，合併する形態」です。ウィリアムソン（Williamson, O. E.）は，「市場か階層組織か」という二分法を超えて分析を拡張し，ハイブリッド組織という形態を示しました（Williamson [1991]）。提携は，長期契約，フランチャイズ等とともに，このハイブリッド組織に含まれます。つまり，提携とは「アウトソーシングとM&Aの中間に位置づけられるような組織間のゆるやかな協力関係」です。

　従来，提携は2者間で行われ，一方的な支配や従属関係に基づく提携契約が一般的でした。しかし，1970年代後半から同一産業の競合同士間の提携が多く出現し，提携は質的に変化しはじめました（竹田 [1992]）。

　具体的には，提携はより対等な関係に基づく契約へと変容するとともに，従来よりも大きな戦略性を持つようになりました。また，3者あるいはそれ以上の提携形態が急増しました。さらに，近年では環境変化の激化に伴い，業界の垣根を超えたクロス・インダストリー型の提携も増加しています。

　つまり，市場のグローバル化や技術革新の進歩に伴う環境変化に対応するため，企業は長期的な協調関係に基づいて外部資源を効果的に活用することで戦略的意図を達成し，継続的なイノベーションを実現しようとしているのです。このような質的変化から，1970年代後半以降，**戦略的提携**（strategic alliance）と呼ばれる提携関係が増えてきました。

　たとえば野中は，企業間関係が戦略的提携に該当するための条件として，①長期性，②戦略的意図，③対等性の3点を挙げています（野中 [1991]）。また，ヨシノ（Yoshino, M. Y.）とランガン（Rangan, U. S.）は，①複数の企業が独立したままの状態で合意された目的を追求するために結びつくこと，②パートナー企業がその成果を分け合いかつその運営に対してのコントロールを行うこと，③パートナー企業がその重要な戦略的分野（技術・製品など）において継続的な寄与を行うこと，といった条件を持つ企業間の結びつきを指す概念を戦略的提携であると定義しました（Yoshino & Rangan [1995]）。そもそも提携という概念に戦略性が含意されていることから「戦略的提携」と「提携」を区別しない研究者もいますが，一般的に，提携の中でも特に戦略的に大きな影響を企業に与えると考えられるものを戦略的提携と呼ぶと解釈してよいでしょう。

⑵　戦略的提携の類型

　バーニー（Barney, J. B.）によれば，戦略的提携は，大きく①**業務提携**（non-equity alliances），②**業務・資本提携**（equity alliances），③**ジョイント・ベンチャー**（joint ventures）の3つのカテゴリーに分類されます（バーニー［2003］）。

　まず，①業務提携（出資を伴わない）においては，協力する企業群は製品・サービスの開発，製造，販売のいずれかを共同で行うものの，互いに株式を持ち合ったり，その共同事業を管理するための独立組織をつくったりはせず，さまざまな形態の契約によって共同作業がなされます。具体的には，ライセンス契約（licensing agreements），供給契約（supply agreements）そして配送契約（distribution agreements）といった契約が，業務提携の例として挙げられます。

　次に，②業務・資本提携においては，協力する企業同士が互いに提携パートナーの所有権を持ち合います。一方の企業のみが他方の企業の株式を取得する資本参加という形態も存在します。所有権を一部保有することで出資を伴わない業務提携よりも契約関係を補強することが可能となりますが，資本投資の金額は原則として買収までには至らない低い比率に抑えられます。

　最後に，③ジョイント・ベンチャーにおいては，協力する提携パートナー企業が共同で投資を行い，新たに法的に独立した企業を設立します。そして，その企業から得られるいかなる利益もパートナー企業間で共有します。

2　戦略的提携の動機

⑴　範囲の経済

　企業が戦略的提携を行う動機については，企業間の**範囲の経済**という概念を基礎とした研究が多数存在しています。範囲の経済とは，「ある共通の経営資源のもとに複数の異なるビジネスを多角的に展開することによって得られる便益」を意味します。つまり，潜在的パートナー企業の保有する経営資源を統合して事業を行った場合に得られる価値が，各社が個別に事業運営する場合の合計値よりも大きいとき，企業は戦略的提携を通じて協力するインセンティブを持つと考えられます。

バーニーによれば，戦略的提携を促す企業間の範囲の経済の源泉は，主に①規模の経済の追求，②競合からの学習，③リスク管理とコスト分担，④暗黙的談合の促進，⑤低コストでの新規市場参入，⑥新たな業界もしくは業界内新セグメントへの低コスト参入，⑦業界もしくは業界内セグメントからの低コストでの撤退，⑧不確実性の対処，といったものであるとされます（バーニー［2003］）。

　たとえば，アルミニウム業界では，規模の経済を追求した戦略的提携がしばしば観察されます。アルミニウムの原材料はボーキサイトですが，このボーキサイトの採掘効率を最大化する適正事業規模は，アルミ精錬事業の効率を最大化する適正規模よりもはるかに大きいとされています。そのため，精錬事業の効率を最大化する小規模精錬を維持しつつ，ボーキサイトで得られる規模の経済を最大限に享受するため，多くのアルミニウム・メーカーがジョイント・ベンチャーを形成して採掘事業を運営しているのです（バーニー［2003］）。

　これらの戦略的提携の動機の中には，協力する企業が互いに同様の戦略目的や目標を持っている場合にのみ成立するものと，パートナー企業が異なる戦略目的や能力を持っている場合のみ成立するものが存在します。前者の動機によって成立するものを**対称的提携**（symmetric alliance），後者の動機によって成立するものを**非対称的提携**（asymmetric alliance）と呼びます。

　たとえば，①規模の経済の追求や④暗黙的談合の促進といった動機による戦略的提携は対称的提携であるのに対し，②競合からの学習や⑥新たな業界もしくは業界内新セグメントへの低コスト参入といった動機による戦略的提携は非対称的提携であると考えられます。

　それ以外の提携の動機は，提携パートナー同士が異質か同質かにかかわらず成立します。たとえば，⑧不確実性の対処などのように，場合によって提携パートナーの目的や利害が同じであったり異なったりするものは，**混合型提携**（mixed alliance）と呼ばれます。

(2)　共特化の原理

　近年，企業間の関係において，従来の範囲の経済の考え方を超えて**共特化の原理**という経済原理を考えることの重要性が高まっています。これは，後述す

るダイナミック・ケイパビリティ論という研究領域を中心として主張されている概念です。

　戦略的提携の動機として研究されてきた範囲の経済は，共通の経営資源を利用するものの，それを用いて異なるビジネスを行ってそれぞれの便益を得ようとするものが中心でした。これに対し，共特化の原理においては，特定の経営資源を他の特定の経営資源と結合して使用することによって価値が高まることを強調します（ティース［2019a］）。つまり，それぞれの企業が単独で経営資源を保有して特殊化しても十分な便益を得られない場合であっても，それらの特殊なもの同士が相互に結合することによってより大きな便益が得られる可能性があるのです。このような経営資源は特異なものであり，市場で容易に売買され得ないと考えられます。

　たとえば，企業向けのソフトウェア産業において，さまざまなビジネス・アプリケーションが単一のプログラムや密接に関連したソフトウェアパッケージとして統合されたならば，ユーザーにとってより大きな価値を提供できるでしょう。また，OSとアプリケーションの関係においても，単独での特殊化ではなく相互の結合による共特化を考えることが，より大きな利益獲得につながります。

　特に，環境変化に対応するために企業内外の経営資源を再配置（再構成）して新たなビジネスモデルを構築するにあたっては，この共特化の原理に従って戦略的提携を行うことが重要となります。もちろん，その場合，企業相互の駆け引きが起こって相手によって搾取される可能性があるため取引コストが生じますが，ダイナミック・ケイパビリティ論の代表的な研究者であるティース（Teece, D. J.）は，共特化によるメリットは取引コストを上回ると主張しています。

3　戦略的提携のプロセス

(1)　提携のプロセス

　企業が提携戦略を立案・実行して終結・評価に至るまでには，**図表10-1**に示すようにさまざまな段階が存在します（安田［2016］）。

図表10−1 提携実践の基本的プロセス

① 提携戦略の立案	② 提携パートナーの選定	③ 提携条件の交渉	④ 提携契約書の締結	⑤ 提携ガバナンスの設計	⑥ 提携プロジェクトの運営	⑦ 提携の終結と評価

出所：安田［2016］133頁をもとに筆者作成

　提携のどの段階に着目するかによって，研究の着眼点も変化します。カレイ（Kale, P.）らは提携に関する既存研究を動機の研究，ガバナンス構造の研究，効果や成果の研究，の３つに分類しています（Kale et al. ［2000］）。また，提携目的の幅，各組織境界，価値創造プロセス，提携安定性，という４つの次元（Borys & Jemison ［1989］）や，提携の形成，提携のガバナンス構造，提携の進化，提携のパフォーマンス，企業にとっての提携の効果，という整理の軸（Gulati ［1998］）といったものも示されています。

　つまり，戦略的提携のプロセスにおいて，提携契約前には提携を行う目的や提携相手の選択といった提携の形成に関する課題が研究されます。一方，契約後に提携を展開する際にはそのマネジメントに焦点が当てられ，さらに，提携が変化していく段階では提携の成果や進化といったものが分析対象になると考えられます。

(2) ナレッジおよび組織学習への着目

　戦略的提携のプロセス研究においては，ナレッジ（知識）や組織学習といった概念に焦点を当てたものが多く存在します。たとえば，リレーショナル・ビューの論者たちは，知識ベース論の研究を渉猟しながら，それらが企業の優位性にとって大きな影響を与えることを主張しました。

　カレイ＆シン（Singh, H.）は，知識の表現化（knowledge articulation），知識のコード化（knowledge codification），知識の共有化（knowledge sharing），知識の内部化（knowledge internalization）という４つの段階が，提携におけるナレッジ・マネジメント・プロセスを構成すると述べました（Kale & Singh ［1999］）。そして，各段階について十分に発展したプロセスを持つことが，提

携において高いパフォーマンスにつながるとしています。

　さらに，ダイアー（Dyer, J. H）とカレイは，知識のコード化や内部化に先立ち，人材開発や暗黙知の獲得に向けて体系的な手法を活用した積極的な学習プロセスが提携において重要な要因であるとみなしています（ダイアー＆カレイ［2010］）。そして，提携のマネジメントに関する知識や経験を蓄積するためのフォーカル・ポイントとしての**提携経営機能**（alliance management function）を保有することの重要性を主張しています。

　彼らによれば，提携経営機能は，①ナレッジ・マネジメントの改良，②内部コーディネーションの提供，③介入・アカウンタビリティ（説明責任）の促進，④外部に対する透明性の維持，といった４つのプロセスから構成されます（**図表10－2**）。企業には，これらのプロセスを考慮しながら，知識共有ルーティンを発展させることが求められます。

図表10－2　提携経営機能を構成する４つのプロセス

提携経営機能	①ナレッジ・マネジメントの改良
	学習プロセス（スクリーニング，交渉，提携マネジメント，査定と評価）のマネジメントの改良（形式知の開発を含む）
	②内部コーディネーションの提供
	企業内および企業組織の境界を越えた効果的なコミュニケーションをもとにした調整活動
	③介入・アカウンタビリティ（説明責任）の促進
	提携のパフォーマンスを測定するための公式的な測定基準の採用や主要な意思決定主体が提携で果たすべき役割についてのアカウンタビリティの明確化
	④外部に対する透明性の維持
	提携を模索する企業や投資コミュニティに対する透明性の維持

出所：ダイアー＆カレイ（2010）124-127頁をもとに筆者作成

4　戦略的提携と組織能力

(1)　ダイナミック・ケイパビリティとしての関係ケイパビリティ

　近年，環境変化が激化する中で，経営戦略論の領域ではダイナミック・ケイパビリティ論と称される一連の研究が注目を浴びています（第5章を参照）。そして，ダイナミック・ケイパビリティに基づく戦略的行動を分析する中で，戦略的提携による組織間学習の重要性が高まっています。

　ダイナミック・ケイパビリティの定義は論者によって差異がありますが，「企業が資源ベースを意図的に創造，拡大，修正して環境変化に対応するために自己変革を行う組織能力」の重要性を主張する点で共通しています。ダイナミック・ケイパビリティに基づく企業行動においては，内部志向性だけでなく外部志向性が要求されます。企業が顧客から高評価を得る差別化された製品やサービスを提供するための新たなビジネスモデルをタイミングよく構築するためには，企業内外の経営資源を効果的にオーケストレーションすることが必要だからです（ティース［2019b］）。

　そこでは企業内外の多様な知識ベースを持つ有能な人々との間の水平的な相互関係に基づく組織間学習が不可欠となり，企業が積極的に組織間学習を行うための重要な方策の1つとして戦略的提携が位置づけられます。そして，このような組織間学習の結果として，提携パートナーを含むエコ・システム全体における共特化によるイノベーションが実現し，企業に競争優位性をもたらすことになります。

　リレーショナル・ビューの研究者たちは，企業間関係に着目して，ダイナミック・ケイパビリティの1つのタイプとして**関係ケイパビリティ**（relational capabilities）という能力概念を示しました。関係ケイパビリティとは「企業が提携を通じて他企業の資源やケイパビリティを入手できるようにする能力」を意味し，コーエン（Cohen, W. M.）とレビンタール（Levinthal, D. A.）によって示された**吸収能力**（absorptive capacity：新しい知識の認識・同化を実現した上でこれらを商業目的に向けて応用する能力）の概念を基礎としています。

　彼らによると，関係ケイパビリティを構築した企業が戦略的提携によって競

争優位を獲得するプロセスは，**関係的レント**という概念を用いて説明すること
ができます。関係的レントとは，「ある交換関係において共同で生み出される
超過的な利潤」を意味します（Dyer & Singh［1998］）。この利潤は，企業が
単独では創出することができず，特定の提携パートナーの特異的な貢献によっ
てのみ創出されます。そのため，企業が関係ケイパビリティに基づき企業間の
提携関係を特殊的なものにすることができれば，関係的レントが発生すると考
えられます。

(2) 関係ケイパビリティの決定要因

　関係ケイパビリティにおいて，企業が戦略的提携を通して関係的レントを獲
得することができるかどうかを決定するのは，①**関係特殊資産**（relationship-
specific assets：特定の取引関係においてのみ高い価値を有する資産）の創造，
②**知識共有ルーティンの構築**，③補完的資源およびケイパビリティへのアクセ
ス，④提携企業間で取引費用の生成を制限するような実効的ガバナンスのメカ
ニズムの存在，といった要因であるとされています（Dyer & Singh［1998］；
ダイアー&カレイ［2010］）。そして，**図表10－3**のように，それぞれの要因
がサブプロセスを有しています。

① 関係特殊資産
　関係特殊資産とは，「あるパートナーが有する他のパートナーとの関係にカ
スタマイズされた資産」を意味し，その組み合わせが競合他社による模倣に対
する障壁を創り出します。資産の関係特殊性は，立地特殊性，物的資産特殊性，
そして人的資産特殊性に分類されます。
　パートナーの関係特殊資産への投資（関係特殊投資：related specific
investment）が多いほど，関係的レントの潜在性は大きくなります。提携パー
トナーは，提携関係を通じて優位性の源泉となる特異性を創造するのに不可欠
な投資を実行するつもりがあるかどうかという相手側の意思を，詳しく評価し
なければなりません。そのような投資は，提携関係のタイミングや規模と関係
しています。つまり，機会主義から保護するためのセーフガードが長いほど，
関係特殊資産を通じて関係レントが生み出される可能性が高くなります。また，

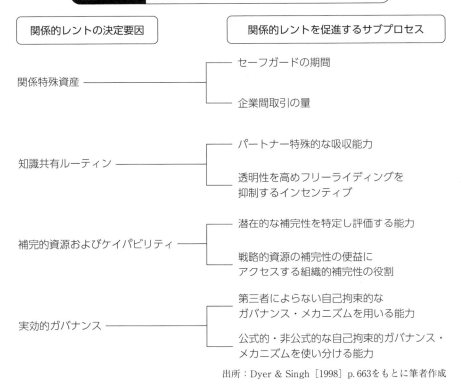

図表10-3　関係ケイパビリティにおける関係優位の源泉

関係的レントの決定要因	関係的レントを促進するサブプロセス
関係特殊資産	・セーフガードの期間 ・企業間取引の量
知識共有ルーティン	・パートナー特殊的な吸収能力 ・透明性を高めフリーライディングを抑制するインセンティブ
補完的資源およびケイパビリティ	・潜在的な補完性を特定し評価する能力 ・戦略的資源の補完性の便益にアクセスする組織的補完性の役割
実効的ガバナンス	・第三者によらない自己拘束的なガバナンス・メカニズムを用いる能力 ・公式的・非公式的な自己拘束的ガバナンス・メカニズムを使い分ける能力

出所：Dyer & Singh［1998］p.663をもとに筆者作成

提携パートナー間の取引量が多いほど，関係特殊資産を通じて関係的レントを生成する可能性が高くなります。

②　知識共有ルーティン

　新しいアイデアの移転は，知識共有ルーティンによって促進されます。知識共有ルーティンとは，「知識の移転・再結合・創造を可能にするような企業レベルでの標準的な相互作用のパターン」を意味します。効果的な知識移転を実現するには，企業間プロセスの発展や制度化が必要とされます。

　パートナー特殊的な吸収能力は，提携における知識共有を促進する重要な一因になります。パートナー特殊的な吸収能力は，基本的な両立性をもたらすほ

どの知識ベースの重複度と有効な相互作用ルーティンの発達度に依存します。インターフェースで接合された各企業の個人が他社の内部にある重要な専門知識の性質をより深く学習するにつれて，この吸収能力は拡大します。

　また，提携しようとする企業間で知識を共有する際には，フリーライディングの問題を考えなければなりません。つまり，パートナーには積極的に知識を共有するよう要求する一方で，自分の知識を出し惜しみする可能性が存在するのです。そのため，効果的な知識の共有のためには，透明性を高めフリーライディングを抑制するインセンティブを確保することが不可欠となります。

③　補完的資源およびケイパビリティ

　企業は，補完性が高い戦略的パートナーを見つけたときに，より大きな関係的レントを創出できます。しかし，潜在的な提携パートナーが持つ補完的ケイパビリティの価値を評価する作業は複雑です。潜在的な補完性を特定し評価する能力は，過去の提携の経験，企業内部における探索と評価に関するケイパビリティ，潜在的なパートナー企業に関する情報収集について有利なソーシャル・ネットワークのポジションを確立するケイパビリティ，といったものによって規定されます。

　また，実際に戦略的資源の補完的な組み合わせから利益を生み出して共有するための組織的補完性も必要とされます。つまり，提携する企業間で諸活動を調整する意思決定プロセスや組織文化の適合性が求められます。

④　実効的ガバナンス

　提携においては，互いにパートナーによる機会主義的行動から利益を保護するために，契約や所有構造を通じて提携のガバナンスを実現することが必要となります。特に，第三者が介在する法的契約よりも，自己拘束的なガバナンス・メカニズムを用いる能力を有する企業ほど，取引費用を節約し関係的レントを獲得できる可能性が高まります。

　また，パートナーシップとの公式的な契約だけでなく，信頼や評判といった非公式的な安全装置の有効性も主張されています。そのため，公式的・非公式的な自己拘束的ガバナンス・メカニズムを使い分ける能力が重要となります。

　企業内部に競合他社からの模倣が困難な独自の「強み」を形成することが競争優位の源泉となるという考え方は，リソース・ベースト・ビュー（RBV）と称される一連の研究において特有のものです。RBVはそれまでの外部環境分析を重視した研究への批判から生じ，競争優位の源泉となる企業内部の要因（強み）を強化することに着目するアプローチだからです。

　一方，リレーショナル・ビューを含むダイナミック・ケイパビリティ論は，戦略的提携に代表されるような企業間関係を重視する外部志向性の強いアプローチです。そのため，内部志向的なRBVと外部志向的なダイナミック・ケイパビリティ論は一見，相反するものに見えるかもしれません。しかし，実はダイナミック・ケイパビリティ論は，RBVの進化の一形態として位置づけられるのです。

　RBVにおいては，一貫して「企業内部の強みの強化が競争優位をもたらす」という主張がなされてきました。しかし，その「強み」についての着眼点のシフトに着目すると，①個別の経営資源（初期の研究），②経営資源の活用能力（コア・ケイパビリティ）（1990年代前半の研究），③ダイナミック・ケイパビリティ（近年の研究），という3つのフェーズに分けられます（永野[2015]）。

　1980年代前半の第1フェーズの研究が主張したのは，経営資源が市場で常に即時に入手可能でない場合，同一産業内・同一戦略グループに属している企業であっても，企業内に保有している個別の経営資源の「強み」の差によって優位性が左右されるということでした。具体的には，バーニーらの研究者によって個別の経営資源そのものの経済価値，希少性，模倣困難性，代替不可能性といった特徴やそれを守るための方策といったものが議論されました。

　しかし，1990年代に入り，このような第1フェーズの研究に対して，個別の経営資源を獲得しようとする組織メンバーの努力があまりに狭い範囲に絞られ過ぎると，逆に企業内部の補完性が崩れてしまって有用な製品やサービスを創造できずに優位性を喪失する可能性が生じるという批判がなされました。そこで，RBVは新たな問題を解決するために次のフェーズへと移行しました。

　第2フェーズでは，個別の経営資源自体から経営資源を組み合わせ活用するコア・ケイパビリティ（組織能力）へと「強み」の焦点がシフトしました。ここにはハメル（Hamel, G.）とプラハラッド（Prahalad, C. K.）によるコア・コンピタンス論などが含まれます。そして，個別の経営資源を活用するための独自の知識体系を確立するために学習論が導入され，組織内学習の重要性が主張されるようになったのです。

しかし，そのような組織内学習を中心とした特定の領域における知識体系の強化が成功体験を生み慣性領域での学習が行われるようになると，企業は自らを取り巻く環境が変化しても気付かず競争優位を喪失することになります。レオナルド・バートン（Leonard-Barton, D.）は，この現象をコア・ケイパビリティの逆機能現象としてのコア・リジディティ（core rigidity）と称しました（第5章参照）。

　そのため，第3フェーズにおいては，ティースらの研究者によって環境変化に対応して自己変革するためのダイナミック・ケイパビリティの重要性が主張されることとなりました。環境に応じてコア・ケイパビリティ自体を修正・更新するためのメタ能力が，「強み」として注目されたのです。ここでコア・リジディティを克服するために最も強調されるのは，企業内の経営資源が有限であることを前提とし，企業が外部の経営資源を利用して共特化によるイノベーションを実現するということです。そのため，組織学習の捉え方にも変化が生じ，組織内学習だけでなく組織間学習の重要性が強調されるようになったのです。

　したがって，ダイナミック・ケイパビリティ自体は内部資源であるため，その意味ではRBVの内部志向性は維持されているのです。内部資源について追求した結果として，企業間関係を重視する外部志向性を帯びたアプローチへと進化した点が大変興味深いところです。

📖 参考文献

- Barney, J. B. [2002] *Gaining and Sustaining Competitive Advantage* (*2nd ed.*), Prentice Hall. (岡田正大訳『企業戦略論（下）：全社戦略編 競争優位の構築と持続』ダイヤモンド社, 2003年)
- Borys, B. & Jemison, D. B. [1989] Hybrid Arrangements as Strategic Alliances: Theoretical Issues in Organizational Combinations, *Academy of Management Review*, 14(2), pp. 234-249.
- Cohen, W. M. & Levinthal, D. A. [1990] Absorptive Capacity: A New Perspective on Learning and Innovation, *Administrative Science Quarterly*, 35(1), pp. 128-152.
- Dyer, J. H. & Singh, H. [1998] The Relational View: Cooperative Strategy and Sources of Interorganizational Competitive Advantage, *The Academy of Management Review*, 23(4), pp. 660-679.
- Dyer, J. H. & Kale, P. [2007] Relational Capabilities: Drivers and Implications, In Helfat, C. E., S. Finkelstein, W. Mitchell, M. A. Peteraf, H. Singh, D. J. Teece, & S. G. Winter, *Dynamic Capabilities: Understanding Strategic Change in Organizations*, Blackwell, pp. 65-79. (谷口和弘・蜂巣旭・川西章弘訳「関係ケイパビリティ：原動力と含意」『ダイナミック・ケイパビリティ―組織の戦略変化』勁草書房, 2010年, 113-136頁)
- Gulati, R. [1998] Alliances and Networks, *Strategic Management Journal*, 19(4), pp. 293-317.
- Kale P. & Singh, H. [1999] *Alliance Capability and Success: A Knowledge-Based Approach*, Ann Arbor, MI: UMI Publishing.
- Kale, P., Singh, H., & Perlmutter, H. [2000] Learning and Protection of Proprietary Assets in Strategic Alliances: Building Relational Capital, *Strategic Management Journal*, 21(3), pp. 217-237.
- Leonard-Barton, D. [1992] Core Capabilities and Core Rigidities: A Paradox in Managing New Product Development, *Strategic Management Journal*, Summer Special Issue, 13, pp. 111-125.
- Prahalad, C. K. & Hamel, G. [1990] The Core Competence of the Corporation, *Harvard Business Review*, 68(3), pp. 79-91.
- Teece, D. J. [2007] Explicating Dynamic Capabilities: The Nature and Microfoundations of (Sustainable) Enterprise Performance, *Strategic Management Journal*, 28(13), pp. 1319-1350. (菊澤研宗・橋本倫明・姜理恵訳『D. J. ティー

スダイナミック・ケイパビリティの企業理論』第3章，2019年a)

- Teece, D. J. [2014] The Foundations of Enterprise Performance: Dynamic and Ordinary Capabilities in an（Economic）Theory of Firms, *The Academy of Management Perspectives,* 28(4), pp. 328-352.（菊澤研宗・橋本倫明・姜理恵訳『D. J. ティースダイナミック・ケイパビリティの企業理論』第5章，2019年b)
- Williamson, O. E. [1991] Comparative Economic Organization: The Analysis of Discrete Structural Alternatives, *Administrative Science Quarterly,* 36(2), pp. 269-296.
- Yoshino, M. Y. & Rangan, U. S. [1995] *Strategic Alliances: An Entrepreneurial Approach to Globalization,* Harvard Business School Press.
- 竹田志郎［1992］『国際戦略提携』同文舘。
- 永野寛子［2015］『資源ベース論の理論進化―企業における硬直化を巡る分析』中央経済社。
- 野中郁次郎［1991］「戦略提携序説：組織間知識創造と対話」『ビジネス レビュー』第38巻第4号，pp. 1-14.
- 安田洋史［2016］『新版 アライアンス戦略論』NTT出版。

第11章

イノベーションの基礎的理解

第5章では，企業が組織能力を蓄積・強化した結果，コア・リジディティが
生じ，環境適応能力を低下させることを確認しました。企業が長期的に存続す
るためには，ダイナミック・ケイパビリティを構築・発揮し，経営資源・能力
を組み替え，環境変化に適応することが求められます。

また，第8章で取り上げた製品ライフサイクルに従えば，時間経過とともに
既存事業の収益は低下します。企業が持続的に成長するには，既存事業の脱成
熟化を実現するか，多角化によって新事業へ進出することが求められます。

これらを総合すると，企業が長期的に存続するためには，継続的にビジネス
の革新を行うことが不可欠だといえます。このようなビジネスの革新の試みの
中で，市場の拡大やコストダウンなどの企業の競争力向上をもたらすことに成
功したものが，イノベーションです[1]。企業が長期的に存続し続けるためには，
戦略的にイノベーションを生み出し続けなければならないのです。

1　イノベーションとはなにか？

(1)　イノベーションに含まれるもの

イノベーションの訳語としては，よく「技術革新」があてられます。たとえ
ば自動車の自動運転の実現などのように，この技術革新という文字の並びから
は，今までにない新技術により社会に大きな影響を与えるものがイノベーショ
ンにふさわしいように感じるかもしれません。しかし，シュンペーター
（Schumpeter, J. A.）のイノベーションの議論に立ち戻ると，イノベーション

は「新結合」であるとされています。イノベーションとは，これまでになかった新しい組み合わせによって新たな価値を実現したもの全体を指すものであり，技術革新はその一部に過ぎません。

　たとえば，製品・サービスに関する主要技術はそのままで，消費者に届けるまでに必要となる諸活動（第3章の価値連鎖を参照）における革新もイノベーションに含まれます。古典的な例では，フォードは自動車という製品に対して，フォード生産方式といわれる高効率生産体制を構築・導入することで，大量生産と低価格化を実現して大成功しました。この事例は，自動車という製品は変わらず，価値連鎖の中の製造活動部分を新たな製造方法と新結合させたイノベーションであるといえます。

　以上の例が示すように，イノベーションを生み出そうとする際には，新技術を用いたり，新しい製品を創造したりすることばかりに囚われる必要はありません。近能・高井［2010］は，シュンペーター［1937］が示したイノベーションを生み出す新結合の5つの例をもとに，①プロダクト・イノベーション（画期的な新製品・サービスの創出），②プロセス・イノベーション（画期的な新しい開発・生産・流通プロセスの創出），③マーケット・イノベーション（新しい市場や流通チャネルの創出），④マテリアル・イノベーション（画期的な新しい部品や材料の創出），⑤システム・イノベーション（画期的な新しいビジネス・システムの創出2））の5種類のイノベーションの例を挙げています（図表11-1）。これらの5つの例は，同時に発生することもあり得ます。たとえば，前述のフォードの事例はプロセス・イノベーションであると同時に，自動車の低価格化により広く消費者が購入できるようになった，マーケット・イノベーションと捉えることもできます。

　また，上記の5つはあくまでイノベーションの例であり，すべてというわけではありません。たとえば，社内の会議のリモート化，人事システムの刷新によるモチベーション向上，ペーパーレス化による業務効率改善，ビッグデータやAIの活用による業務に関する情報分析の精緻化なども，イノベーションといえます。

　企業は，自身が保有，または調達可能な経営資源の多種多様な組み合わせの中から，既存のビジネスに対する差別化要素，模倣困難性，費用対効果などを

図表11-1　さまざまなタイプのイノベーション

イノベーションのタイプ	イノベーションの例
プロダクト・イノベーション	紙の書籍に対して電子書籍が登場する
プロセス・イノベーション	書写から活版印刷に切り替わる
マーケット・イノベーション	ハードカバー版の需要が一巡した後に，廉価な文庫版が発売され新規需要を発掘する
マテリアル・イノベーション	羊皮紙ではなく，紙が使われるようになる
システム・イノベーション	本が書店ではなく，インターネット通販で販売されるようになる

出所：筆者作成

考え，イノベーションの創出を模索することが求められます。

(2) イノベーションの「売り込み」

イノベーションを成功させる確実性を高めるためには，消費者の認知・理解・購買を促す，マーケティング活動も重要となります。企業が特に広告宣伝に力を入れなければ，下手をすると「マニア受けで終わる」恐れがあります。

ロジャーズ（Rogers, E. M.）の**イノベーションの普及モデル**（ロジャーズ[2003]）に従えば，製品・サービスが口コミによってヒットするためには，YouTubeやSNSでおすすめ製品のレビューを公開しているインフルエンサーのような，一般の消費者に影響を及ぼす層の支持を受ける必要があります。製品・サービスのターゲットに影響力を持つインフルエンサーを特定できれば，企業案件として試作品を提供し，レビューを投稿してもらうことが有効となります。

ただし，上記の消費者間の口コミに頼る方法は，成功したとしても時間がかかります。ここで注意しないとならないのは，製品の中には，**ネットワーク外部性が働き**[3]，売れているものがさらに売れた結果，**デファクト・スタンダード**（de facto standard：事実上の標準）[4] が成立するものがあることです。このような特徴を持つ製品においては，先に利用者を集めたほうが勝ちとなります。このため，大々的に広告・宣伝して注目を集める，値引きをする，操作方法を簡単にするなど，最初から誰でも気軽に手が出せる製品にする必要があり

ます。インターネットの各種サービスの多くが基本無料で提供されている事例
はこれにあたります。

2　イノベーションの分類

　前節で「企業が長期的に存続し続けるためには，戦略的にイノベーションを
生み出し続けなければならない」と指摘しました。これは真実である一方で，
野球でいえば「ピッチャーがバッターをアウトにするには，ボールを投げる必
要がある」という当たり前すぎる指摘に過ぎません。野球のたとえを続けるな
ら，「あのピッチャーはストレートの速球が得意」，「3球続けてインコースを
攻めてきた」というように，「球種」や「球速」，「コース」という分類をする
ことで，トレーニングの指針を立てたり，試合を有利に進める作戦を考えたり
する役に立ちます。
　同じように，イノベーションについても，特性による分類がなされて，はじ
めて具体的な戦略策定に役立つ情報となります。本節では，イノベーションの
分類について代表的なものの一部を紹介します。

(1)　時間当たりの変化量に注目する分類

①　急進的イノベーション
　急進的イノベーション（radical innovation）は，「今までにないものが登場
する」，「今までの製品の品質，性能が一気に大きく変わる」といった性質のイ
ノベーションです。たとえば，フィーチャーフォン（ガラケー）に対する，ス
マートフォンがこれにあたります。
　既存の製品と技術や市場面で大幅に異なる製品・サービスを生み出すために
は，研究開発，販売促進などに大幅なコストがかかります。また，消費者に支
持されずに終わる可能性もあります。一方で，新たな市場を生み出し，独占す
ることができれば大きな利益が見込めるため，ハイリスク・ハイリターンな選
択肢となります。
　急進的イノベーションにおいて課題となるのは，利益の獲得です。リスクを
冒して新しいものを生み出し，一般層にも売れそうな兆しが見えたところで他

社に模倣され，市場を奪われては骨折り損のくたびれ儲けとなります。

　急進的イノベーションによって成功するためには，特許などの知財，必要な資源，取引先との関係など，重要な経営資源を先取する必要があります。ただ，経営資源の確保に時間をかけすぎても，他社に後れをとる恐れがあります。自社の内部資源が不足しているときには，さまざまな企業の力を集めるオープン・イノベーション（第12章を参照）を選択することが有効です。

② 漸進的イノベーション

　漸進的イノベーション（incremental innovation）は，ガソリン自動車の燃費向上や排ガスの有害物質の削減のように，少量ずつ時間をかけて積み重ねていくタイプのイノベーションです。すでに成功している製品・サービスや既存技術の改善・アップデートをするものであり，低リスクである一方で，短期間で大きな売上をもたらすことは期待しにくい側面があります。

　時間当たりの変化量は小さいものの，「塵も積もれば山となる」ということわざがあるように，長期間では大きな変化を実現することも可能です。たとえ

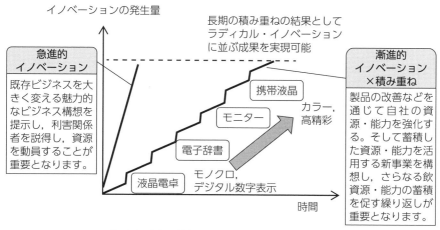

図表11-2　急進的イノベーションと漸進的イノベーション

注：図は実際の数値によって描かれたものではなく，あくまでイメージです。

出所：筆者作成

ば，シャープは液晶技術をコア・コンピタンス（第5章を参照）としてさまざ
まな製品に展開しながら，技術蓄積をしています。スタート時点と現在を比較
すると，白黒の液晶電卓から高精細の携帯端末の画面へと進化を実現していま
す（図表11－2）。

(2)　市場の連続性に注目する分類

①　持続的イノベーション

持続的イノベーション（sustaining innovation）は，既存の顧客の評価軸に
従って，より高度化をもたらすタイプのイノベーションです。たとえば，ブラ
ウン管テレビに対して液晶テレビは画像表示に使用する技術，画質が大幅に異
なります。しかし，主要メーカーや利用者（テレビの視聴者），画質を向上さ
せるという変化の方向性は変わっておらず，同じ市場での競争が「持続」して
おり，持続的イノベーションとみなせます（図表11－3）。

消費者が高い品質・性能を求め続ける製品においては，持続的イノベーショ

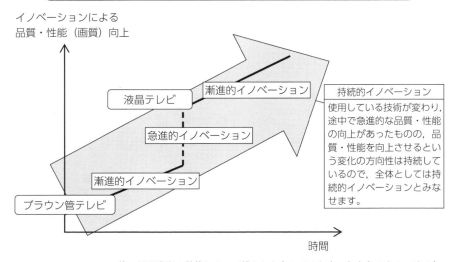

図表11－3　漸進的・急進的イノベーションと持続的イノベーション

注：図は実際の数値によって描かれたものではなく，あくまでイメージです。
出所：筆者作成

ンによって競争力を維持し続けることができます。一方，消費者の多くがすでに性能が十分だと感じている製品において持続的イノベーションを繰り返すと，消費者が求める適正品質を上回る過剰品質となってしまうオーバーシュートが生じます。この状況では，持続的イノベーションは競争優位につながらず，程よい機能を備えた前世代製品や，低価格品に需要が集まることになります。

たとえば，現在のところ，8Kテレビは大画面サイズであればその真価を発揮するものの，通常のサイズであればこれほど高精彩である必要はなく，上記の状況に陥っていると考えられます。

②　破壊的イノベーション

破壊的イノベーション（disruptive innovation）[5]は，持続的イノベーションのように既存製品の完全上位互換とはならず，新たなターゲットに対して新たな価値を打ち出すと同時に，既存のターゲットが評価している価値が低下するイノベーションです（**図表11-4**）。現在成功している企業は，既存の顧客

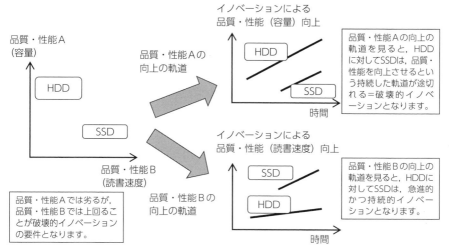

図表11-4　破壊的イノベーション

注：図は実際の数値によって描かれたものではなく，あくまでイメージです。
出所：筆者作成

を大切にして持続的イノベーションを継続するか，現在の顧客を切り捨てて新たな顧客にアピールするかの難しい選択を求められる，イノベーションのジレンマ（第3節参照）に直面することになります。

(3) 構造に注目する分類

① アーキテクチュラル・イノベーション

ヘンダーソン（Henderson, R.）とクラーク（Clark, K. B.）は，製品の内部構造に着目し，アーキテクチュラル・イノベーションとモジュラー・イノベーションという分類を提示しています。（Henderson & Clark［1990］）。**アーキテクチュラル・イノベーション**（architectural innovation）は，製品の概要はそのままで，内部がどのようなパーツに分かれるかという**アーキテクチャ（構造）**を変革するものです（**図表11－5**）。たとえば，iPhoneとandroid端末は同じスマートフォンです。しかし，iPhoneはOSと端末をアップルが開発・提供している一体構造であるのに対して，android端末はOSと端末を分割構造とすることで，OSをGoogleが開発し，端末をSONYなどの各メーカーが製造する分業体制としました。この結果，OSと端末・アプリケーションを合わせた使用感はiPhoneが上回るものの，端末のバラエティはandroid端末が上回っています。

企業は，自社が設定した企業の境界をもとに競争優位性を構築します（第7章を参照）。このため，アーキテクチュラル・イノベーションは既存企業に対する有効な攻撃手段となり得ます。たとえば，先ほどの例であれば，AppleはiPhoneのデザイン，操作性に定評があります。android端末のアーキテクチャを真似しようとすれば，これまで蓄積した技術・能力や市場からの評価を捨てる苦渋の決断を求められます。

② モジュラー・イノベーション

製品を構成する独立的なパーツのことを，**モジュール**といいます。**モジュラー・イノベーション**（modular innovation）は，製品の中のパーツ単位で起こるイノベーションです（**図表11－5**）（Henderson & Clark［1990］）。たとえば，スマートフォンでいえばカメラの画素数の増加，液晶の高精細・省電力

図表11-5　アーキテクチュラル・イノベーションとモジュラー・イノベーション

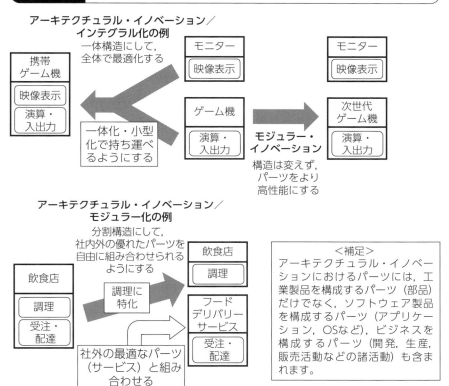

出所：筆者作成

化，バッテリーの大容量化などが，これに該当します。

　同じモジュールをつくる競合他社に対して競争優位を保有する企業は，モジュールを社内利用にとどめて製品差別化を実現する，またはモジュールを汎用品として外販して業界内の需要を独占する戦略が可能となります。

3　イノベーションのジレンマ

　イノベーションのジレンマ（innovator's dilemma）は，クリステンセン（Christensen, C. M.）が提唱した概念です。クリステンセンの著書の原題に従

えば「イノベーターのジレンマ」となり，過去のイノベーションによって成功した企業（＝イノベーター）が陥る問題とされます。

イノベーションで成功した企業は，「新たな顧客にとっては既存製品より魅力があるが，既存顧客にとって品質の劣化をもたらす」という性質を持つ破壊的イノベーションに直面したときに，現在の顧客を重視するなら持続的イノベーションの継続，新規顧客を重視するなら破壊的イノベーションへ転換が求められます。この二者択一の板挟みになる状況が，イノベーションのジレンマです。クリステンセンは，成功している企業ほど，既存顧客を重視するという短期的に見れば定石的な判断により持続的イノベーションを選択しがちで，破壊的イノベーションによる新市場が主流になる環境変化が起こってもこれに対応できず，競争力を失う恐れがあることを指摘しています。

クリステンセンとレイナー（Raynor, M. E）によると，イノベーションのジレンマを引き起こす破壊的イノベーションには，2つのパターンがあるとされています（クリステンセン＆レイナー［2003］）。

1つは**新市場型破壊**であり，現在の技術を代替する新たな技術体系の登場によるものです。たとえば，テレビ放送に対するインターネット動画がこれにあたります。テレビ番組制作の高い技術を持ち，テレビ視聴者向けの本格的な番組づくりを是としているテレビ番組制作会社は，「若者のテレビ離れ」を認識しつつも，インターネット放送へのシフトは及び腰に見受けられます。

もう1つは，**ローエンド型破壊**です。これは，現在の技術の延長線上で，品質を抑えた低価格製品が登場するものです。たとえば，中国メーカーの家電は，品質・機能は日本メーカー製品に劣るものの，新興国市場で広く支持されました。現在では品質向上が進み，日本の消費者にとっても十分な品質を備えるようになり，日本市場にも進出してきています。一方，日本メーカーは「日本品質」や「痒い所に手が届く便利機能」をアピールしてきたため，それを切り捨てて対抗製品を打ち出すことが困難で，家電市場を奪われています。

なお，イノベーションのジレンマの議論は，必ずしも破壊的イノベーションへの転換をすべきということを示唆するものではありません。たとえばiPhoneに対してandroid端末は，前節で解説したアーキテクチュラル・イノベーションにより，端末の性能・価格のバリエーションが増え，低価格モデルを実現し

たローエンド型破壊とみなせます。低価格のandroid端末は新興国で圧倒的に支持されており，世界シェアにおいてandroid端末がiPhoneを上回っています。しかし，iPhoneはデザイン性，操作性，ブランド力による差別化を維持しており，アップル，Google共に成功している企業と評価され続けています。

　このように，持続的イノベーションによる差別化が継続できるなら，現在の市場にとどまることが正解となることがあります。企業は破壊的イノベーションによって生み出される市場の規模や利益の専有性といった収益ポテンシャル，今後の品質・性能の向上の可能性，既存製品との共食い（カニバリゼーション）といったことを総合的に勘案し，持続的イノベーションを継続するか，破壊的イノベーションへと舵を切るかを判断しなければなりません。

イノベーションを生み出す組織

　さまざまなイノベーションのうち，漸進的イノベーション，持続的イノベーションは，特定の企業の中で能力を構築し，地道な改善・改良の積み重ねを繰り返す中で実現される特性を持ちます。

　これらのイノベーションにおいては，第1に，現場における改善・改良を目指した試行錯誤が活発に行われ，その結果から学習することが重要です。そのためには，チャレンジを推奨し，失敗も許容する組織文化や人事評価制度，結果について全体で共有し知識創造を活性化する組織ルーチンが必要となります（藤本［1997］；野中・遠山・平田［2010］）。

　第2に，現場で生まれたさまざまなイノベーションの種に対し，可能性があるものを選別し，経営陣を説得して本格的な予算の配分，製品化の支援を行う活動が必要です。このためには，たとえば事業部長クラスのポジションに，現場の情報に詳しく，経営陣への交渉力のある人材を配置する必要があります。

　第3に，現場の試行錯誤の中で生まれたイノベーションが全社の戦略に組み込まれていくプロセスは，創発的戦略プロセスといえます。企業のトップは，現場から上がってくる情報をもとに戦略を組み替える柔軟性を持つとともに，企業全体の活動がバラバラにならないように，能力構築の方向性などのガイドラインを提示する必要があります。

　既存製品の延長の改善・改良的要素が強いイノベーションに対し，急進的イノベーション，破壊的イノベーションは，ゼロを1にするようなイノベーションです。組織的能力というよりは，アップルの元CEOであるスティーブ・ジョブズ氏のようなひらめきや事業の構想力，カリスマ性といった個人的才能を持ったリーダーのもと，トップダウンの計画的戦略プロセスによって実現されるものと考えられます。

　1990年代のバブル経済崩壊以降，「失われた30年」において欧米企業が優位を発揮したIT産業では，デファクト・スタンダードが成立するものが多く存在します。トップ主導で新たなサービスを構想し，オープン・イノベーションにより各方面の技術力を動員し，先にサービスを立ち上げた企業が市場を支配することになります。これに対して強力なリーダーを持たず，オープン・イノベーション（第12章を参照）が苦手であった日本企業は苦戦を強いられたと指摘されています。

≪注≫

1） 国の経済発展の原動力としてイノベーションに注目したシュンペーター
［1937］は，ビジネスとして成功し，経済的価値を生み出すものをイノベーショ
ンと定義しています。

2） 「本を書店での現金取引ではなく，インターネットで販売し，クレジットで決
済し，配送業者によって届ける」というように，製品・サービスを提供するサ
プライ・チェーンにおける統合・分業の構造（第7章を参照），取引の手段など
を組み替えるイノベーションがこれにあたります。

3） 基本無料のSNSが複数あったときには，利用者が多いほうが魅力的です。また，
iPhone，android端末に対抗する第3の端末を開発しても，アプリ開発者は売れ
ている端末用アプリの開発するため，アプリの充実度でiPhone，android端末の
優位は揺らがないでしょう。このような，売れていることによって，さらに利
用者を引き付けたり，セットで使う製品（補完財）が充実したりしてさらに魅
力を増す効果が，ネットワーク外部性です。

4） 消費者は政府や公的機関からiPhoneかandroid端末のいずれかを使うように指
導されているわけではないのに，このいずれかを使用しています。このような，
公的に決められてはいないけれど，ネットワーク外部性により売れたものがよ
り売れ，皆が使うようになった製品がデファクト・スタンダードです

5） Disruptive innovationの訳語として，破壊的イノベーションが広く使われてい
ます。しかし，破壊的イノベーションという字面は，持続的な性能向上の軌道
を途絶えさせるだけでなく，「既存のビジネスモデルを破壊する」ことも想起さ
せてしまいます。文献・書籍によっては，破壊的イノベーションではなく分断
的イノベーションの訳語が用いられることがあります。

📖 **参考文献**

- Christensen, C. M. [1997] *The Innovator's Dilemma: When New Technologies Cause Great Firms to Fail*, Harvard Business School Press. （伊豆原弓訳『イノベーションのジレンマ：技術革新が巨大企業を滅ぼすとき』翔泳社，2000年）
- Christensen, C. M. & Raynor, M. E. [2003] *The Innovator's Solution: Creating and Sustaining Successful Growth*, Harvard Business School Press. （玉田俊平太監修，櫻井祐子訳『イノベーションへの解—利益ある成長に向けて』翔泳社，2003年）
- Henderson, R. & Clark, K. B. [1990] Architectural Innovation: The Reconfiguration of Existing Product Technologies and the Failure of Established

Firms, *Administrative Science Quarterly*, 35(1), pp. 9-30.

- Rogers, E. M.［2003］*Diffusion of Innovations*（*5th ed.*）, Free Press.（三藤利雄訳『イノベーションの普及』翔泳社，2007年）

- Schumpeter, J. A.［1934］*The Theory of Economic Development: An Inquiry into Profits, Capital, Credit, Interest, and the Business Cycle*, Harvard University Press.（中山伊知郎・東畑精一訳『経済発展の理論：企業者利潤・資本・信用・利子及び景気の回転に関する一研究』岩波書店，1937年）

- 近能善範・高井文子［2010］『コア・テキスト イノベーション・マネジメント』新世社。

- 野中郁次郎・遠山亮子・平田透［2010］『流れを経営する―持続的イノベーション企業の動態理論』東洋経済新報社。

- 藤本隆宏［1997］『生産システムの進化論―トヨタ自動車にみる組織能力と創発プロセス』有斐閣。

第12章

イノベーション戦略

　新しい製品やサービスを開発しようとする際に，競合他社と比べて自社製品
やサービスのどこが優れているのかだけを考えていませんか？　または，自社
のアイデアが最も優れており，他社のアイデアは検討に値しないと考えていま
せんか？　あるいは，自社の製品やサービスが成功した後に，後から自社内で
開発された新しい製品やサービスがくだらないおもちゃに見えてしまうことは
ありませんか？

　これらの発想は，多くの企業がイノベーションを追求する際に直面する典型
的な落とし穴として，イノベーション論で指摘されていることです。もし企業
がこれらの発想のままで事業を進めると，競合他社との熾烈な価格競争から抜
け出せなくなったり，優れたアイデアを持つ技術者が自社から流出したり，新
しい技術の事業化に遅れたりして，中長期的には業績を落としてしまう可能性
があります。

　本章では，以上の落とし穴を回避するための代表的な方法として，ブルー・
オーシャン戦略（blue ocean strategy），オープン戦略（open strategy），両
利きの組織（ambidextrous organization）の3つについて学びます。イノベー
ション理論を学ぶことで，偉大なイノベーションを実現できるとは限りません。
しかし，多くの企業が陥りがちな落とし穴を事前に知ることで，少なくともイ
ノベーションを妨げないように考えることができるのです。

1　ブルー・オーシャン戦略

(1)　ブルー・オーシャン戦略とは

　一般的に，企業が新しい製品やサービスを開発する場合には，次のどちらかの戦略をとることが多いです。1つは，競合他社より優れた価値を発揮する製品・サービスを開発するという，差別化です。もう1つは，競合他社より安い製品・サービスを開発するという，低コスト化です。価値を向上させようとするとコストが高くなり，反対にコストを低くしようとすると価値が低くなるというトレードオフ関係があります。そのため，基本的には，企業は差別化か低コスト化のどちらか一方を採用します。

　しかし，差別化と低コスト化のどちらを採用しても，企業の利益は徐々に減少します。競合他社よりも優れた製品・サービスを提供したり，低価格で提供したりしても，競合他社が同じような戦略をとることで，製品やサービスの価値やコストの差は小さくなります。その結果，多くの企業が同じような製品やサービスを同じ顧客に提供するようになると，価格競争が生じて，個々の企業が高い利益を得ることは難しくなるのです。このような血で血を洗う激しい競争が繰り広げられる市場を**レッド・オーシャン**（red ocean）と呼びます。

　企業がレッド・オーシャンから抜け出すための方法の1つに，キム＆モボルニュが提唱した**ブルー・オーシャン戦略**が挙げられます（**図表12－1** 参照）。

図表12－1　レッド・オーシャン戦略とブルー・オーシャン戦略

	レッド・オーシャン戦略	ブルー・オーシャン戦略
市場	既存市場	新規市場
競争	競合企業との競争	競争は生じない
需要	既存の需要を奪い合う	新しい需要を開拓する
目的	差別化もしくは低コスト	差別化と低コストの両立
収益	全利益の39%	全利益の61%

出所：キム＆モボルニュ［2015］50頁と64頁をもとに筆者作成

この戦略は，新しい顧客に向けて新しい製品やサービスを開発し，そもそも競合他社の存在しない新しい市場を創造することで，企業の収益性を高めるというものです。このように創造された新しい市場は，**ブルー・オーシャン**と呼ばれます。

　図表12－2は，ブルー・オーシャン戦略の全体像を示しています。この図では，縦軸に価値を，横軸にコストをとった上で，レッド・オーシャンとブルー・オーシャン内で実現される戦略が曲線で描かれています。価値を高めるほどコストも上がるので，市場で実現される戦略は右上に凸の曲線として描かれます。ブルー・オーシャン戦略とは，差別化戦略あるいは低コスト戦略を採用してレッド・オーシャンの曲線上を移動することではなく，新しい顧客のために新しい製品やサービスを開発して曲線自体を右上に移動させることなのです。

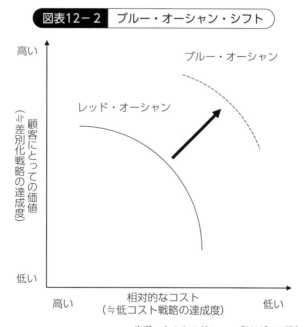

図表12－2　ブルー・オーシャン・シフト

出所：キム＆モボルニュ［2018］13頁をもとに筆者作成

(2)　バリュー・イノベーション

　企業が，レッド・オーシャンからブルー・オーシャンに移動するためには，新しい顧客に向けた新しい製品やサービスを開発する必要があります。その際の指針としては，次の4つの問いが挙げられています（**図表12－3**参照）。

　第1に，業界で一般的な製品やサービスにおいて，どの部分を取り除くべきかを問います。第2に，業界の標準と比べて，どの部分を大幅に減らすべきかを考えます。これらの2つの問いの目的は，業界で常識とされる要素を引くことで，新しい製品やサービスのコストを下げることです。

　第3に，業界の基準と比べて，どの部分を大幅に増やすべきかを検討します。第4に，業界がまだ提供していない新しい要素はなにかを問いましょう。これらの2つの問いの目的は，その業界でまだ常識ではない要素を加えて，新しい製品やサービスの価値を高めることです。

　以上の4つの問いに答えることで，高い価値を提供しつつ，低いコストで実現できる新しい製品やサービスが生まれます。これは**バリュー・イノベーション**（value innovation）と呼ばれます。バリュー・イノベーションを達成することで，企業はレッド・オーシャンからブルー・オーシャンに移動します。

　以上のバリュー・イノベーションを達成するための具体的な方法としては，**戦略キャンバス**を描くことが挙げられます。戦略キャンバスとは，実際にどのような点で新しい製品やサービスであるのかを簡単に把握するために，要素を

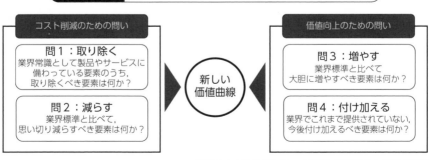

図表12－3　バリュー・イノベーションのための4つの問い

出所：キム＆モボルニュ［2015］78頁をもとに筆者作成

取り除く，要素を減らす，要素を増やす，要素を付け加えるという4つの問い
への答えを図示するものです。業界の競争要因を横軸に，顧客がどのくらい価
値を享受しているかを縦軸にとり，それぞれの点を線で結ぶことで，各社のパ
フォーマンスを示す価値曲線を作成します。

　図表12-4には，戦略キャンバスの仮想例が描かれています。既存市場に
おいては，競争要因1〜7に基づいて高級品と廉価品がそれぞれの立場を確立
しています。それに対して，自社は新しい市場を創造しました。具体的には，
要因2〜4を取り除き，要因5〜7を減らし，要因1を（廉価品に対しては）
増やし，要因8〜10を付け加えたということです。

　ここで注意しなければならないのは，価値向上とコスト削減を両立させると
いう点です。既存の市場におけるすべての評価軸で競合他社を上回る価値曲線

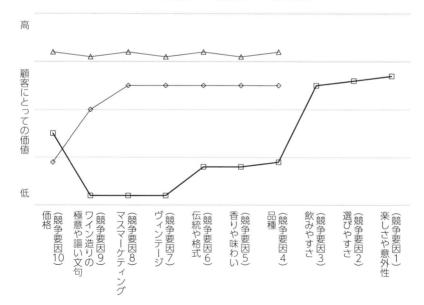

図表12-4　戦略キャンバスの例

出所：キム＆モボルニュ［2015］81頁をもとに筆者作成

を描くだけでは，価値向上のみとなります。同時にコスト削減も達成するには，既存の評価軸では劣るとしても，新しい評価軸では高い価値を発揮するような価値曲線を描く必要があります。

⑶ NewsPicksの事例

　ブルー・オーシャン戦略の成功例としては，従来の新聞紙に対してオンライン・ニュース市場を開拓したNewsPicksが挙げられます。NewsPicksが出現する前の大手出版社による経済誌は，多くの熟練した編集者や記者などの従業員に支えられ，広いカテゴリーのニュースや速報，オリジナル記事を提供する一方で，SNS機能が少なく，ユーザーインターフェース（UI）にも改善の余地があるものでした。

　それに対して，NewsPicksは新しい市場を開拓しました（**図表12－5**参照）。NewsPicksは，紙媒体や普通のニュースを採用せず，経済ニュースに特化し，オリジナル記事や社員の数を減らしました。さらに，NewsPicksは若い編集者や記者を増やし，実名でのコメント投稿ができるようにし，SNS機能を追加し，

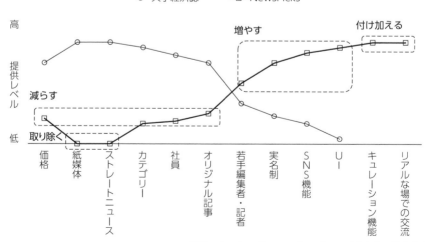

図表12－5　NewsPicksの戦略キャンバス

出所：キム＆モボルニュ［2018］346頁をもとに筆者作成

見やすいUIをつくりました。そして，キュレーションやリアルな交流のような，従来の新聞にはなかった新しい要素も取り入れています。

　その結果として，NewsPicksは，多くのメディアが競争するレッド・オーシャンから抜け出し，ブルー・オーシャンへの移行を達成したと考えられます。

2　オープン戦略

(1)　オープン・イノベーション

　企業が新しい製品やサービスを開発する際の基本的な方法としては，研究開発から製品販売までのすべての工程を自社で実施することが挙げられます。企業ではさまざまな研究プロジェクトが立ち上がりますが，開発が進むと有望ではないものは取り除かれ，最終的に残ったものが製品化され，顧客に提供されます。その全体像を次頁の**図表12－6**に示しました。時間は左から右に進んでおり，「○」は研究プロジェクト，実線は自社と他社を区別するための企業の境界線を示しています。この方法は**クローズド・イノベーション**（closed innovation）といいます。

　しかし，クローズド・イノベーションを実施する企業は，研究開発の成果から収益を得ることが難しくなりました。研究成果の事業化を支援するベンチャーキャピタルが出現し，技術者がベンチャー企業を容易に設立できるようになりました。そのため，技術者は，企業内でアイデアをすぐに製品化できない場合，ベンチャー企業を立ち上げ，新しい市場やビジネスモデルを開拓し，株式を売却するようになりました。その場合に企業は，研究開発費を投じたにもかかわらず，その成果から収益を得ることが難しくなったのです。

　企業が研究開発の成果を獲得できないという問題を解決する1つの方策が，チェスブロウ（Chesbrough, H. W.）が提唱した**オープン・イノベーション**（open innovation）です（**図表12－7**）。簡単にいうならば，研究開発から製品化までの過程に他社を巻き込むことです。たとえ既存市場では新しい技術や製品に価値がないとされても，新しい市場ではその価値が認められることがあります。また，既存市場に投入する製品であるとしても，社内と社外のアイデアを組み合わせることで，価値を高める可能性があります。このように企業の

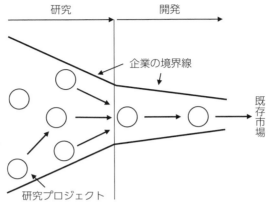

図表12-6　クローズド・イノベーション

研究　　　　　　　開発

企業の境界線

研究プロジェクト

既存市場

出所：チェスブロウ［2004］6頁をもとに筆者作成

境界を越えてイノベーションを実現するプロセスが，オープン・イノベーションです。

　オープン・イノベーションには，主な2つの経路があります。1つは，企業外部で生まれたアイデアが企業内に入るインバウンド型です（**図表12-7**の下側）。もう1つは，企業内で生まれたアイデアが発展して企業の外に出るアウトバウンド型です。（**図表12-7**の上側）。

　インバウンド型の成功例としては，フィリップスのノンフライヤーが挙げられます（星野［2015］）。フィリップスは，2005年から油を使わない調理技術の独自研究をしていましたが，使いやすさやコストの課題に直面しました。そこで，2009年，ADPS社のファン・デル・ヴェイジ氏が開発した高温の熱風を循環させる技術をフィリップスに持ち込みました。フィリップスは同氏の技術の可能性を見出し，共同研究プロジェクトを開始し，わずか1年でノンフライヤーを商品化しました。フィリップスは，自社研究の限界を認識して，外部からのアイデアを取り入れることで問題を解決し，市場での競争力を高めることに成功したのです。

　また，アウトバウンド型の成功例としては，戸田工業のハイブリッド顔料が挙げられます（星野［2015］）。新しい口紅を製造する際には，国際的な規制に

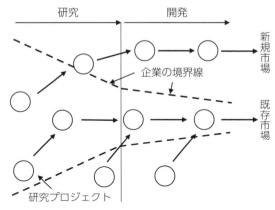

図表12-7　オープン・イノベーション

研究　　　　　開発

企業の境界線

新規市場

既存市場

研究プロジェクト

出所：チェスブロウ［2004］9頁をもとに筆者作成

より使用できる顔料の数が制限されているため，口紅の色の種類は限られていました。そこで，戸田工業は有機顔料と無機顔料の長所を併せもつハイブリッド顔料を開発し，ロレアル社に提案しました。ロレアル社はこの提案に興味を持ち，両社間で共同開発を始めたのです。その結果として，2006年，ロレアル社はシュウ ウエムラからハイブリッド顔料を使用した口紅を発売し，その口紅は唇の上で色が変化しないことで好評を博しました。

　このようにオープン・イノベーションを通じて，企業は，研究開発の成果として生じる収益を自社で獲得しやすくなります。研究開発から製品販売までの全工程を自社で実施するのではなく，反対に自社の限界を認識し，他社との協力体制を構築することの重要性が指摘されたのです。

(2)　オープン・クローズ戦略

　企業が研究開発成果を自社で収益として獲得できないという問題に対して，オープン・イノベーションは自社と他社とのアイデアを組み合わせることで，新しい製品やサービスを開発するという解決策を示しました。それに対して，単純にその製品を販売するだけではなく，その製品に関する知的財産権を巧みに活用することで，さらなる収益を獲得できる可能性を示したのが，**オープ**

ン・クローズ戦略です。

　オープン・クローズ戦略では，企業は次の2つの方策を組み合わせます。1つは，企業が自社の知的財産権を秘匿し，製品市場から競合他社を排除することで，市場規模は拡大しないものの，製品市場からの収益を独占するという**クローズ化**です。もう1つは，企業が自社の知的財産権を公開し，競合他社の参入を促すことで，市場における競争激化を招くものの，市場規模を拡大させる**オープン化**です。

　オープン・クローズ戦略では，収益が最大となるように，自社技術をどこまでクローズ化し，どこからオープン化するかを考えます。カリフォルニア大学のシャピロとバリアンは，クローズ化とオープン化との間にはトレードオフ関係があることを指摘しました（**図表12−8**）。図表12−8では，オープン化に近づくほど市場シェアは小さくなる一方で，市場規模は高くなることから，手に入る報酬が最大化する最適条件を見つけることの重要性が示唆されています。

　オープン・クローズ戦略の成功例としては，デンソーウェーブのQRコードの事例が挙げられます（新宅・江藤編著 [2008]）。同社は，QRコードの特許を無料で公開し，QRコードを自由に使用できるようにして，QRコード市場を広げました。その一方で，同社は，エラーに強いQRコードの作成方法と読み取り機能を秘匿し，競合他社よりもエラー率の低いハンディリーダーを製造できるようにし，ハンディリーダー市場の市場シェアを高めました。**図表12−9**にあるように，コア領域をクローズ化し，周辺領域をオープン化することで，市場規模と市場シェアの双方を高めることに成功したのです（小川 [2015]）。

図表12−8　クローズ化とオープン化とのトレードオフ

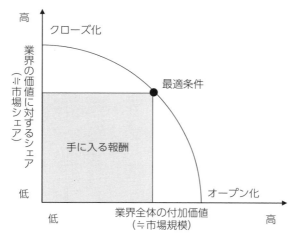

出所：シャピロ＆バリアン［1999］353頁をもとに筆者作成

図表12−9　クローズ・オープン戦略

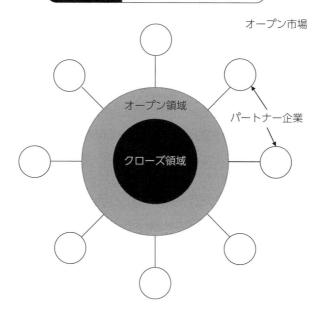

出所：小川［2015］357頁をもとに筆者作成

3　両利きの組織

(1)　両利きの組織

　すでに成功した企業がさらなる長期的な成功を収めようとする場合には，難しい課題に直面します。既存の製品やサービスから得られる利益を最大化するなどの短期的な目標と，リスクを伴う可能性のある新しいイノベーションに投資するなどの長期的な目標のどちらを優先するのかという課題です。

　特に企業が短期的な利益を重視することで，長期的には失敗する可能性が，しばしば指摘されています。マーチ（March, J. G.）は**成功の罠**（success trap）という問題を指摘しました（March［1991］）（**図表12−10**参照）。成功した企業が過去の成功に固執することで，既存の知識を向上させる**活用**（exploitation）を重視し，新しい知識を学ぶ**探索**（exploration）を軽視する結果として，長期的な生存能力を損なってしまうという問題です。

　第11章で示したイノベーションのジレンマも，同じような問題意識に基づいていると考えられます。成功した企業であるほど，主要な顧客からの要望に応

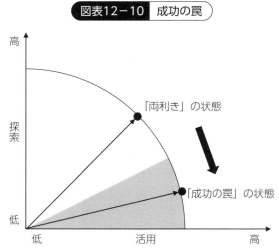

図表12−10　成功の罠

出所：オライリー＆タッシュマン［2019］8頁をもとに筆者作成

えるために，既存の製品やサービスの改善に注力するあまり，新しい製品やサービスの事業化に投資をせず，結果的には失敗する可能性があるという問題です。

このようなイノベーションのジレンマや成功の罠に陥らないようにするための1つの方策が，オライリー（O'Reilly, C. A.）とタッシュマン（Tushman, M. L.）が発展させた**両利きの組織**です。企業が短期的・長期的な目標の両立に向けて，探索と活用をバランス良く実行して「両利き」の状態を実現するには，どのような組織を構築することが有効となるのかが議論されています。

(2)　3つのアプローチ

両利きの組織としては，主に3つのアプローチが挙げられます（**図表12-11**参照）。**構造的両利き**（structural ambidexterity）と**文脈的両利き**（contextual ambidexterity），**逐次的両利き**（sequential ambidexterity）です。簡単にいうならば，構造的両利きとは活用と探索をする組織を分けること，文脈的両利きとは各従業員が活用と探索をできるように支援すること，逐次的な両利きとは活用と探索を時間的に分けることです。

図表12-11　両利きの経営に関する3つのアプローチ

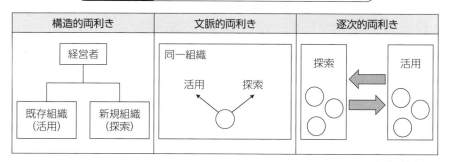

出所：筆者作成

①　構造的両利き

構造的両利きとは，既存の製品やサービスを改良する「活用」組織と，新しい製品やサービスを開発する「探索」組織を分けることで，企業全体として活

用と探索を両立させる方法です。既存の組織で新しい製品やサービスを開発しようとすると，既存の顧客ニーズに合わないという理由で，その事業化が妨げられることがあります。このような問題を避けるために，新しい組織を既存の組織とは異なる場所に移したり，社長直轄の組織にしたりするのです。ただし，新しい組織には十分な経営資源がないため，既存の組織から新しい組織に資源を提供するように，経営者が支援することが求められます。

　構造的両利きの成功例としては，アメリカの新聞社であるUSAトゥデイが挙げられます（オライリー＆タッシュマン［2019］）。USAトゥデイは，1990年代に新聞紙の読者が減少し，デジタルメディアの競合が激化したため，新しいメディアへの進出を決断しました。そこで，USAトゥデイは，新聞紙事業とは独立した事業部として，オンライン・ニュースのUSAToday.comを立ち上げました。しかし，USAToday.comは他の事業部から競合するとみなされたため，孤立して支援を受けられず，資金も足りなくなり，優秀なスタッフも退職しました。

　ここで，USAトゥデイは「ネットワーク戦略」という新しい考え方を導入しました。それは，紙の新聞やオンラインのニュースサイト，テレビなど，それぞれの文化を守りながら，記事や画像を共有することです。このとき，ネットワーク戦略の必要性を理解しなかった経営陣を切り離し，部署ごとの目標と共通の成長目標を結びつけた共通のボーナス・プログラムを導入しました。人事政策も変更し，異なるメディアユニット間の移動を促進し，コンテンツの共有に積極的であるかどうかを基準に昇進を行いました。

　その結果，USAトゥデイは，既存の事業も維持しながら，新しいメディアにも進出し，より多くの人に情報を届けることができるようになりました。

②　文脈的両利き

　文脈的両利きとは，同じ組織に所属する従業員一人ひとりが，既存の製品やサービスを改良する活用と，新しい製品やサービスを開発する探索の双方に取り組むことで，企業全体としての活用と探索の両利きを目指すアプローチです。文脈的両利きを採用する企業には，従業員が両利きになれるように支援する環境を整えることが求められます。たとえば，従業員の成果に責任を持たせる業

績管理をしつつ，従業員がパフォーマンスを発揮できるように安全で自由な環境をつくる社会的支援の双方をするという施策が提唱されています（Birkinshaw & Gibson［2004］）。

　文脈的両利きの成功例としては，アメリカの3M（スリーエム）が挙げられます。3Mは，全売上高のうち，過去5年以内に発売した新製品の売上が占める割合を30％以上になるように設定しながら，従業員には通常の業務以外に15％の時間を自由に使うことを奨励しています。従業員が既存事業に貢献しながら，新しいアイデアを探求できるようになるには，このように環境を整えることが有効であるとされます。

③　逐次的両利き

　企業が探索と活用を両立するための方法の3つめの方法としては，逐次的両利きが挙げられます。ある期間には活用を重視し，その他の期間には探索を重視するというように，活用と探索を時間的に分離するという方法です。逐次的な両利きを実施する企業は，探索と活用を交互に繰り返すことにより，短期的な利益の獲得と長期的な成長の両立を図ります。この逐次的な両利きについては，現在研究が進められつつあります。

コラム ほどよい自由とイノベーション

「また上司からのメールか…次のプロジェクトのアイデアはどうしよう？」このように日々の業務に追われてしまい，新しいアイデアを考える時間がないと悩む人は少なくありません。日々の業務から解放されて，アイデアを自由に練る時間があればどんなに良いかと考えたことは誰しもあるでしょう。

かつては自由な時間を確保するために，「ヤミ研究」がなされていました。従業員が，正式には認められていない開発活動を業務時間外に行うことです。有名な例としては，カシオにおけるデジタルカメラのQV-10の開発や，中村修二氏による青色発光ダイオードの発明が挙げられます。ただし，現在はコンプライアンスなどの理由により，ヤミ研を実施するのは難しくなりました。

他の方法として，企業が業務時間内に自由な時間を設ける方法もあります。Googleでは，勤務時間の20%を個人のプロジェクトに充てる「20%ルール」を導入し，GoogleマップやGmailが誕生しました。スリーエムでは従業員が業務時間の15%を自由に使う「15%カルチャー」によって，ポストイットが開発されました。制度の本質として，スリーエム・ジャパンの昆雅彦副社長（当時）は次のように述べています。「ユニークな点は，15%の時間をどのように使うか，上司が知らないこと。経験豊かな上司が知れば，あれこれ指示したくなるもの。だからこそ，上司はあえて『知るべきではない』としています。」

これらの方法は，従業員が自ら時間を見つけるか，企業が事前に時間を設けるかという点では異なりますが，上司の監視から一時的に離れるという点では共通しています。その背景には，厳しい監視下では創造性が損なわれる一方，完全に自由であれば方向性が失われるということがあります。つまり企業には，従業員にほどよい自由を与える組織を設計することが求められるのです。

参考：https://dhbr.diamond.jp/articles/-/4446（最終閲覧日：2023年11月18日）

📖 参考文献

- Birkinshaw, J. & Gibson, C. B. [2004] Building Ambidexterity into an Organization, *MIT Sloan Management Review*, 45, pp. 47-55.
- Chesbrough, H. W. [2003] *Open Innovation: The New Imperative for Creating and Profiting from Technology*, Harvard Business School Press.（大前恵一朗訳『OPEN INNOVATION：ハーバード流イノベーション戦略のすべて』産業能率大学出版部，2004年）

- Christensen, C. M. [1997] *The Innovator's Dilemma: When New Technologies Cause Great Firms to Fail*, Harvard Business Review Press.（玉田俊平太監修，伊豆原弓訳『イノベーションのジレンマ（増補改訂版）』翔泳社，2001年）
- Kim, W. C. & Mauborgne, R. [2015] *Blue Ocean Strategy, Expanded Edition: How to Create Uncontested Market Space and Make the Competition Irrelevant*, Harvard Business Review Press.（入山章栄訳・有賀裕子訳『（新版）ブルー・オーシャン戦略：競争のない世界を創造する』ダイヤモンド社，2015年）
- Kim, W. C. & Mauborgne, R. [2017] *Blue Ocean Shift: Beyond Competing - Proven Steps to Inspire Confidence and Seize New Growth*, Hachette Books.（有賀裕子訳『ブルー・オーシャン・シフト』ダイヤモンド社，2018年）
- March, J. G. [1991] Exploration and Exploitation in Organizational Learning. *Organization Science*, 2(1), pp. 71–87.
- O'Reilly, C. A. & Tushman, M. L. [2016] *Lead and Disrupt: How to Solve the Innovator's Dilemma*, Stanford Business Books.（入山章栄監訳・渡部典子訳『両利きの経営：「二兎を追う」戦略が未来を切り拓く』東洋経済新報社，2019年）
- Shapiro, C. & Varian, H. R. [1999] Information Rules: A Strategic Guide to the Network Economy. Harvard Business School Press.（千本倖生監訳・宮本喜一訳『「ネットワーク経済」の法則：アトム型産業からビット型産業へ…　変革期を生き抜く72の指針』IDGジャパン，1999年）
- 小川紘一 [2015]『オープン・クローズ戦略：日本企業再興の条件（増補改訂版）』翔泳社。
- 新宅純二郎・江藤学編著 [2008]『コンセンサス標準戦略：事業活用のすべて』日本経済新聞出版社。
- 星野達也 [2015]『オープン・イノベーションの教科書』ダイヤモンド社。

🔍 参考ウェブサイト

- 藤井剛「イノベーションの持続的な実現には全社的なマネジメントが不可欠」https://dhbr.diamond.jp/articles/-/4446（最終閲覧日：2023年11月18日）

第**12**章　イノベーション戦略

第13章

ビジネス・エコシステム

第3章では，業界の収益性に大きな影響を与える要因を分析するためのフレームワークであるファイブ・フォース分析について学びました。このフレームワークは経営戦略の基本的な考え方として依然として重要です。他方で，業界の明確な境界線の存在を前提とするこのフレームワークでは正確に捉えることが難しい現象も生じています。それは，製品・サービスの提供や企業間の競争が，1つの業界の境界を超えて行われるようになりつつある，というものです。

本章では，このような業界・産業の境界を超えた企業間の競争と協調について理解するための考え方の1つであるビジネス・エコシステム（business ecosystem：BE）について学びます。BEの考え方は，現在では「イノベーション・エコシステム」や「プラットフォーム・エコシステム」，「スタートアップ・エコシステム」など，より広範な現象を捉えるためにも用いられるようになっています。BEについて学ぶことで，現代の企業行動や経営戦略の特徴について理解できます。

1 ビジネス・エコシステムの基礎的理解

(1) メタファーとしてのエコシステム

BEは，生態系生態学で用いられるエコシステムという概念をメタファー（暗喩・隠喩）として用いることで，ビジネスで生じている新しい現象を理解するための概念です。BEのポイントをイメージしやすくするために，まずはエコ

181

システムについて説明をします。

　エコシステムとは，日本語では生態系と表現されます。生態系とは，「複数の別種からなる生物群およびそれらが生きる非生物的環境が，相互に影響し合うことで維持されている一定の範囲」のことです。自然界にはさまざまな種の生物がいます。それらは，他の種から完全に独立して生きているわけではありません。肉食動物は，他の生物を捕食することで生きています。草食動物は植物を食べます。動物の死体や排泄物は微生物によって分解されることで大地に還元されます。その豊かな大地で芽生えた植物を草食動物が食べ，それをまた肉食動物が捕食する，というサイクルによって，自然界は保たれています。また，これらのさまざまな生物が生きていくためには，酸素や二酸化炭素，水，日光なども欠かすことができません。生態系においては，さまざまな生物や非生物が結果として相互作用することでお互いを支え合っています。

　かつてベーリング海にはステラーカイギュウという大型のジュゴンのような生物が生息していました。このステラーカイギュウは18世紀中頃までに絶滅してしまったのですが，その絶滅にはベーリング海の生態系の変化が影響していると考えられています。ベーリング海にはラッコが生息しています。ラッコはウニを食べるのですが，そのウニはケルプという海藻を食べます。そしてステラーカイギュウもケルプを主な食料としていました。このバランスが保たれることでベーリング海の生態系は維持されていたのですが，人間が毛皮を目当てにラッコを乱獲し始めました。すると，ウニを食べるラッコが減るため，ウニが増えます。ウニはケルプを食べるので，ステラーカイギュウが食べるケルプが減ってしまい，その結果としてステラーカイギュウの食べるものが減り，ステラーカイギュウはその数を大きく減らすことになりました。同じ生態系に生きながらも直接的には関係していないラッコの数が減ったことでステラーカイギュウの数も減ってしまったというこの事例は，生態系というものの複雑さをよく示しているといえるでしょう。

(2) ビジネス・エコシステム登場の背景

　簡単な説明ではありますが，生態系生物学におけるエコシステムの考え方は理解してもらえたと思います。ただ，本書は経営戦略論のテキストですから，

エコシステムそのものを理解すること自体が目的ではありません。重要なのは，なぜエコシステムという概念が経営戦略論の分野に導入されたのか，そしてエコシステムという概念を導入することによってなにを理解し説明できるようになったのかを理解することです。

　経営戦略論の分野にエコシステムの概念を導入したのはムーア（Moore, J. F.）だといわれています。ムーアは「企業"生態系" 4つの発展段階」（原題：*Predators and Prey: A New Ecology of Competition*）と題された論文の中で，それまでの経営戦略論の前提では説明が難しい現象が生じていることを示しました。その現象とは，業界を超えて企業が競争していたり，異なる業界に所属する企業同士が協調することで製品・サービスを生み出しているというものです。

　基本的に経営戦略論は，個別企業の経営の成果を説明することを1つの柱としています。伝統的な経営戦略論においては，個別企業あるいは業界が分析単位でした。個別企業の成果の大小は個別企業や業界の特性によって決定されると考えてきた，ということです。第3章で業界構造を分析するフレームワークであるファイブ・フォース分析を紹介しましたが，これはまさに業界の構造が個別企業の利益率に強い影響を与えるという考え方に他なりません。業界の構造を分析するということは，その構造は分析可能であるということを意味しており，それはつまり次の2つのことを前提としていると考えられます。1つは業界には明確な境界線があること，そしてもう1つはその境界線は大きく変化しないことです。

　しかし，ムーアが見出した現象は，これらを前提としていては説明できないものでした。AppleやIBM，Walmartなど，アメリカを代表する大企業は，業界の境界を超えてさまざまな企業と複雑な協調関係を築くことでより大きな価値を創造していました。このような現象を説明するために，ムーアは生物も非生物も問わずさまざまな存在が関係することで1つの生態系をつくりあげているというエコシステムをメタファーとして用いたのです。

2　ビジネス・エコシステムの学術的理解

(1)　ビジネス・エコシステムの視覚的イメージ

　ここまでBEの登場背景について説明してきましたが，あまり具体的にBEを
イメージできていないでしょう。そこで，まずはBEを具体的にイメージする
ことから始めましょう。

　図表13－1は，関係する企業をいくつかの領域に分けてその数を示した，
マイクロソフトのソフトウェアビジネスのBEです。このように示すと，たし
かにソフトウェアという1つの業界だけをみていてはマイクロソフトのソフト
ウェアビジネスが説明できないことがよくわかります。

(2)　ビジネス・エコシステムの特徴

　BEの考え方が適用される範囲がさまざまな領域にまで広がっていることも
あり，BEの学術的定義は依然として多岐にわたり定まっていません。このこ
とを踏まえつつ，椙山・髙尾［2011］はBEを「新しい価値創造の構想の実現
に対して，人工物の開発・生産などによって貢献するエージェントの集合体」
と定義しています。この定義に基づき，具体的な事例を通じてBEを理解して
いきましょう。

　ここで紹介する事例は，大型オートバイメーカーであるハーレーダビッドソ
ンの日本での取り組みです（図表13－2）。ハーレーのオートバイ（以下，
ハーレー）は，アメリカやブラジル，タイなどさまざまな国で生産されていま
す。それらの製品を日本法人であるハーレーダビッドソン・ジャパン（H.D.J）
が仕入れ，国内の正規販売店に卸し，正規販売店が顧客に販売しています。こ
れはオートバイという製品が顧客の元に届く流れを示していますが，ハーレー
の価値や魅力の創造には，さらにさまざまな企業や組織が関わっています。

　まず，当然ですがハーレーに乗るためには大型自動二輪免許を取得する必要
があります。H.D.Jは全国の自動車教習所と提携し，ハーレーで教習を受ける
ことができるようにしています。このことを通じて，もともと免許取得後は

図表13-1　マイクロソフトのBE

マイクロソフトのパートナー企業は，32のセクターにまたがっている。
以下の図では，500社以上の企業が存在するセグメントのみを示している。

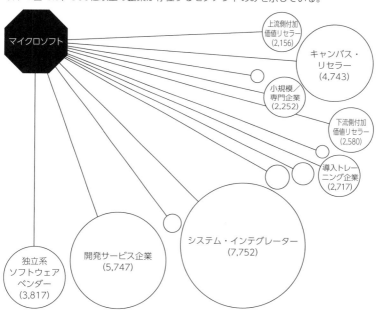

マイクロソフト 合計 パートナーのセグメント	38,338 企業数	パートナーのセグメント	企業数
システム・インテグレーター	7,752	小売企業	220
開発サービス企業	5,747	ソフトウェア販売	160
キャンパス・リセラー	4,743	DMR	105
独立系ソフトウェア・ベンダー	3,817	コンピュータ専門店	51
導入トレーニング企業	2,717	ASPアグリゲーター	50
下流側付加価値リセラー	2,580	eテイラー（オンライン小売）	46
小規模／専門企業	2,252	オフィス向け専門店	13
上流側付加価値リセラー	2,156	一般／アグリゲーター	7
ホスティングサービス・プロバイダー	1,379	ウェアハウス／クラブストア	7
インターネットサービス企業	1,253	ニッチ／専門企業	6
ビジネスコンサルタント	938	補完的ディストリビューター	6
サポート・保守企業	675	アプリケーション・インテグレーター	5
ハードウェア販売	653	MSダイレクト（Rsir）	2
消費者家電	467	MSダイレクト	1
セグメントされていないリセラー	290	ネットワーク機器プロバイダー	1
メディア店舗	238	ネットワークサービス・プロバイダー	1

データ出所：マイクロソフト

出所：イアンシティ＆レビーン［2007］60頁

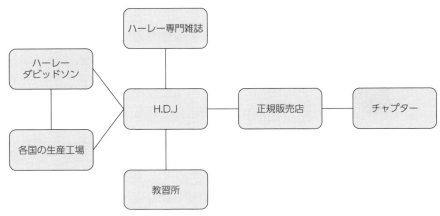

図表13−2　ハーレーダビッドソン・ジャパンのBE

ハーレー専門雑誌

ハーレーダビッドソン

各国の生産工場

H.D.J

正規販売店

チャプター

教習所

出所：筆者作成

ハーレーに乗りたいと考えていた教習生は購入後にハーレーに乗る自分の姿を具体的にイメージし，期待を高めていきます。ハーレーに乗る気がなかった教習生も間近でハーレーのオートバイを見ることで，購買意欲を高めていきます。

　ハーレーは国産の同程度の排気量のオートバイと比較すると高価であるため，ローンで購入する顧客もいます。ローンを組むためには金融業者の協力が不可欠です。

　さらに，H.D.Jの正規販売店には「チャプター」と呼ばれるツーリングチームが設置されています。チャプターはその店舗でオートバイを購入した顧客が中心となって運営されており，ツーリングなどのイベントを企画・実施することでハーレーに乗る機会を増やしています。このチャプターでできた仲間同士でハーレーを媒介としたコミュニケーションを重ねていくことで，顧客はよりハーレーブランドへのロイヤルティを強めていきます。顧客すらもBEのメンバーとして考えられるということです。

　この他にも，『Club Harley』のようなハーレーの魅力を伝える雑誌なども H.D.JのBEのメンバーであるといえるでしょう。実に多様な企業や組織が，ハーレーの魅力をつくりだすこと，すなわち価値の創造に関わっています。

　H.D.Jの事例を踏まえると，BEのポイントとして次の2点がわかります。1

つめのポイントは，製品・サービスの製造・販売に直接的には関わらない企業や組織も，BEのメンバーであるという点です。アメリカのハーレーダビッドソン本社や各国工場，正規販売店はオートバイの製造・販売に直接関わります。これに対して教習所やチャプター，雑誌などは間接的な関わりしか持ちません。このように，直接的か間接的かを問わず製品・サービスの価値の創造や増大に関わる企業や組織までメンバーに含むのがBEの特徴であるといえます。

　２つめのポイントは，BEの中の特定のメンバーが他のメンバーになにかを強制する公式な権限を持たない，という点です。H.D.Jの事例では，顧客によって構成されるチャプターが価値創造に関わっていることを確認しましたが，チャプターへの参加は誰にも義務づけられていませんし，チャプターに参加していても必ずイベントに参加しなければならないわけでもありません。チャプターのメンバーは自発的にチャプターに参加し，運営し，イベントを企画しています。彼らはあくまで自分たちがハーレーに乗るという体験から得られる価値をさらに大きくしたいという気持ちで，自発的に活動をしています。BEのメンバー同士はあくまで協調関係にあり，上下関係や階層関係によって命令されているからメンバーはそこに参加しているわけではありません。企業と顧客だけではなく，企業同士の関係においても同様です。

⑶　ビジネス・エコシステムのメンバー

　BEにはさまざまなメンバーが参加していますが，それらはBE全体を取りまとめる中心的な役割を担うメンバーと，その周辺に位置するメンバーに大別できます。

　前者は「プラットフォーム・リーダー」（ガワー＆クスマノ［2005］）や「キーストーン」（イアンシティ＆レビーン［2007］）など，さまざまな名称で呼ばれます。ガワー＆クスマノ［2005］では，マイクロプロセッサを提供するインテルをプラットフォーム・リーダーと捉え，インテルがBEの中でどのような役割を演じることでBE全体が創造する価値が増大したのかを説明しています。インテルはパソコンに接続される周辺機器やソフトを製造している企業を技術的・金銭的に支援していました。これにより新しい周辺機器やソフトが次々と生まれ，パソコンの魅力も増大しました。インテルはとても高い技術を

持つ企業なので，インテルが自ら周辺機器やソフトを開発することもできましたが，彼らはそうはしませんでした。その理由は，インテルのような強大な企業が周辺機器やソフトをつくりはじめると，同じような製品をつくっている企業はインテルが市場を独占するのではないかと考えて参入しなくなるからです。いくらインテルが強大な企業とはいえ，一社でできることには限界があります。それよりもむしろ多くの企業に参入してもらうことでBE全体から創造される価値を増大させ，そこから十分な収益を獲得することをインテルは選択したのです。

　後者であるBEの周辺メンバーは**ニッチ**と呼ばれます（イアンシティ＆レビーン［2007］）。どのような企業がニッチであるのかはBEによって異なります。ビデオゲームのBEであれば，任天堂のようにゲームハードを開発・製造する企業が中心的な役割を担うのに対して，ソフトメーカーがニッチとなります。1つひとつのニッチは中心的な役割を担う企業よりも相対的に規模が小さく，BE全体に与える影響も限られています。しかし，BEが創造する価値の大部分はニッチによって生み出されています。BEの実体を担っているのはニッチであるといえるでしょう。

⑷　ビジネス・エコシステムの健全性

　ここまで述べてきたような性質や特徴を持つBEですが，ではどのようなBEが優れているといえるのでしょうか？　イアンシティ＆レビーン［2007］は**健全性**という言葉を用いてBEを評価しています。BEの健全性は次の3つの指標によって測定されます（**図表13-3**）。

　1つめの指標は**生産性**（productivity）です。BEでは多くの企業や組織の協働を通じて，なにかしらの製品・サービスが生み出されます。この製品・サービスの産出をより効率的に行うことができているBEは，より健全性が高いと評価できます。

　2つめの指標は**堅牢性**（robustness）です。環境の変化による影響を吸収したりやわらげることで，BEのメンバーは安定的に活動を継続していくことができます。BEの堅牢性を測定する尺度としては，BEのメンバーの生存率などが挙げられます。

図表13－3	BEの健全性の測定指標	

生産性	要素生産性，時系列での生産性の変化，イノベーションの伝達
堅牢性	生存率，エコシステム構造の持続性，予測可能性，陳腐化の回避，利用者の経験とケースの持続性
ニッチ創出	企業の多様性の増大，製品および技術の多様性の増大

出所：イアンシティ＆レビーン［2007］58-75頁をもとに筆者作成

　3つめの指標は**ニッチ創出**（niche creation）です。BEの価値の大半は，直接的にはニッチによって生み出されます。そのニッチが一定期間内で多く生み出されているBEほど，健全性が高いと評価されます。

3　ビジネス・エコシステムのマネジメント

　では，BEの健全性を維持・向上させるためには，どのようにBEをマネジメントしていけばいいのでしょうか？　イアンシティ＆レビーン［2007］は，BEから取り除くとBE全体が衰退してしまう中心的な存在を**キーストーン**（keystone）と呼び，キーストーンがBEを繁栄させるためにとる行動を**キーストーン戦略**（keystone strategy）と呼んでいます。

　キーストーン戦略のポイントは次の2つに集約されます。1つめのポイントは価値の創造です。BE全体で創造される価値が大きいほど，多くのニッチがそこに参入してきます。そのためにはニッチが活性化し，より魅力的で価値のある新技術や新製品・サービスをつくりだせるような環境を整えることが，キーストーンには求められます。

　読者のみなさんも日常的に使用しているUSB（universal serial bus）を開発したのは，実は前述したインテルです。USBはパソコンとその周辺機器を接続するための規格の1つですが，USBが開発される以前はこの規格が統一されておらず，周辺機器ごとに異なるケーブルを用意する必要がありました。このような面倒な状況を解決することでユーザーにとってのパソコンの魅力を高め，積極的にニッチが参入してくる環境をインテルはつくり出しました。

　2つめのポイントは価値の共有です。いくらBE全体で大きな価値を創造し

ても，それを特定のメンバーが独占してしまっては，他のメンバーは新技術や新製品・サービスの開発に消極的になり，最終的にはそのBEから離脱して他のBEに移ってしまう可能性があります。

　イアンシティ＆レビーン［2007］では，BEが創出した価値を共有せず独り占めし，BEを衰退させる企業のことを「領主」と呼んでいます。本章冒頭でも述べたとおり，エコシステムは生物や非生物が相互に支え合って維持・形成されているものです。したがって，必ずしもエコシステムに存在するそれぞれが他者のことを考慮して行動しているということではありません。それぞれの存在は，あくまで自身の生存のために行動をしています。それが結果として相互作用しエコシステムをつくりあげています。

　BEにおいても，基本的にはこれと同様です。キーストーンもニッチも自身の利益のために行動します。それが結果としてBE全体の価値に結実します。BEのマネジメントにおいて重要なことは，自身の利益を増大させるという目的のために，どのようにすれば全体としての価値を増大させることができるのかを考えることです。これが伝統的な経営戦略論のように個別企業単位で考えるのではなく，BEという考え方の最も重要なポイントであるといえるでしょう。

| コラム | 経営戦略とメタファー |

　本章のテーマであるビジネス・エコシステムは，ムーアが発想した当時に生まれつつあった新しい現象を理解するために，その現象を生態系生物学における考え方の１つであるエコシステムにたとえたものです。このように，そのままでは理解や表現の難しい物事や現象を，なにかしらの側面でそれらと共通点を持つ他の物事や現象にたとえることで直感的に理解しやすくする表現をメタファーといいます。ビジネス領域で起きていた複雑で理解が難しい変化をエコシステムにたとえることで，その変化を詳細に説明することなくイメージとして伝えることができたといえるでしょう。

　このように，メタファーには現象の直感的理解を助ける役割がありますが，実は想像以上の影響を私たちの認知や思考過程に与えています。言語学者のレイコフ（Lakoff, G. P.）とジョンソン（Johnson, M. L.）は，「議論は戦争である」というメタファーを例に挙げて，メタファーが私たちの認知構造に与える影響について次のように述べています。「議論には現実に勝ち敗けがあり，議論の相手は敵とみなされ，相手の議論の立脚点（＝陣地）を攻撃し，自分のそれを守る…（中略）…議論の中でわれわれが行うことの多くは，部分的にではあるが戦争という概念によって構造を与えられているのである」（レイコフ＆ジョンソン［1986］5頁）。つまり，私たちはメタファーを表現の道具として使っているつもりが，そのメタファーによって思考や表現を形づくられている，ということです。

　このようなメタファーが果たしている機能の観点から，「経営戦略」について考えてみましょう。「戦略」という言葉は軍事用語です。たしかに経営やビジネスでは，顧客を奪い合うという意味では戦っています。しかし，経営やビジネスは決して戦争そのものではありません。つまり，私たちが当たり前に用いている「経営戦略」という言葉もメタファーであるといえます。

　戦っている相手に勝つための方策を意味する戦略という言葉は，「他社との競争にいかに勝つか」という思考を導きます。戦略というメタファーを用いることによって，私たちは他社との競争に打ち勝つことを最優先事項として経営を考えてきたのかもしれません。これに対してエコシステムというメタファーは，他社（他者）との協調や相互関係に重きを置いています。エコシステムというメタファーは，経営やビジネスに対する私たちの考え方そのものを変えるかもしれませんね。

📖 参考文献

- Gawer, A. & Cusumano, M. A. [2002] *Platform Leadership*, Boston, MA.: Harvard Business School Press. (小林敏男訳『プラットフォーム・リーダーシップ：イノベーションを導く新しい経営戦略』有斐閣, 2005年)
- Iansiti, M. & Levien, R. [2004] *The Keystone Advantage: What the New Dynamics of Business Ecosystem Mean for Strategy, Innovation, and Sustainability,* Boston, MA.: Harvard Business School Press. (杉本幸太郎訳『キーストーン戦略—イノベーションを持続させるビジネス・エコシステム』翔泳社, 2007年)
- Lakoff, G. P. & Johnson, M. L. [1980] *Metaphors We Live By*, University of Chicago Press. (渡部昇一・楠瀬淳三・下谷和幸訳『レトリックと人生』大修館書店, 1986年)
- Moore, J. F. [1993] Predators and Prey, *Harvard Business Review*, Vol.71, No.3, pp. 75-86. (坂本義実訳「企業 "生態系" 4つの発展段階」『DIAMONDハーバード・ビジネス・レビュー』9月号, 4-17頁, 1993年)
- Spigel, B. [2017] The Relational Organization of Entrepreneurial Ecosystems, *Entrepreneurship Theory and Practice*, Vol.41, No.1, pp. 49-72.
- Stam, F. C. & Spigel, B. [2016] Entrepreneurial Ecosystems, *USE Discussion Paper Series*, Vol.16, Issue.13, pp. 1-15.
- 椙山泰生・高尾義明 [2011]「エコシステムの境界とそのダイナミズム」『組織科学』Vol.45, No.1, 4-16頁。

第**14**章

共通価値の創造

　SDGsとは，2023年までに世界中の国や企業，人々が協力して達成を目指すべき17の国際目標です。この目標は，発展途上国と先進国の両方の問題解決を目指したものです。今日，多くの企業にはSDGsに配慮した事業活動を行うことが求められています。本章では，こうした企業に求められる役割を考えるために，企業を取り巻くステークホルダーの存在や，企業の社会的責任について説明します。また，企業がより積極的に社会問題の解決に取り組むための手法として，CSVとコレクティブ・インパクトを紹介します。CSVとは，企業の事業活動と社会問題を結びつけることで，社会的価値と経済的価値の双方を創造していくことです。しかし，現代の複雑化した社会問題を企業1社で解決するのは困難です。コレクティブ・インパクトとは，政府やNGO，企業といった多種多様な組織が協力し，社会問題の解決に取り組んでいくことを意味します。

1　持続可能性が求められる社会へ

　持続可能性やSDGsという言葉を見かけたり聞いたりしたことがある人も多いのではないでしょうか？　ニュースや新聞だけでなく企業のウェブサイト，ショッピングセンターや大学構内などさまざまな場所でこの言葉が使用されており，私たちにとって身近なものとなりつつあります。たとえば，ハローキティも自身の公式YouTubeチャンネル「HELLO KITTY CHANNEL（ハローキティチャンネル）」でSDGsについて発信しています。

SDGsとは，Sustainable Development Goals（持続可能な開発目標）の略称で，2023年までに世界中の国や企業，人々が協力して達成を目指すべき17の国際目標です（図表14－1）。これらの目標は，2015年9月の国連サミットで加盟国の全会一致で採択された「持続可能な開発のための2030アジェンダ」に記載されています。SDGsの目的は，2001年に策定された前身のMDGs（millennium development goals：ミレニアム開発目標）で残された課題と，新たに顕在化した環境や格差拡大に関する課題に対応することです。

国際連合広報センターによれば，「持続可能な開発」とは，「将来の世代がそのニーズを満たせる能力を損なうことなしに，現在のニーズを満たす開発」です。つまり，これから生まれてくる世代も今を生きる世代も，地球からの恩恵を公平に受けることができるように経済活動を行っていくことだといえます。具体的には，経済開発（経済活動を通じて富や価値を生み出していくこと），社会的包摂（社会的に弱い立場の人も含め，1人ひとりの人権を尊重すること），環境保護の3つの要素を調和させていくことを意味します。つまり，経済成長を優先して環境を破壊する，または低賃金で働かせて人権を侵害するのではなく，環境や人権を保護しながら経済を成長させていくことが持続可能な開発なのです。そのためには，経済成長，社会的包摂，環境保護という3つの核となる要素が調和する必要があります。

たとえば，国際連合は，女性への開発援助にますます注力するようになっています。なぜなら，女性は商品やサービスの生産者として，また環境を保護していく当事者として持続可能な開発にとって不可欠な役割を果たすからです。女性が経済的により自立した存在となれば，その子どもたちが貧困や飢餓に苦しむことや，教育機会を理不尽に奪われる可能性を小さくすることができます。

SDGsには次の2つの特徴があります。1つめは，MDGsが貧困や飢餓といった発展途上国向けの目標を主として扱っていたのに対し，SDGsで示されている目標には先進国の問題も含まれている点です。2つめは，これらの目標達成のために，SDGsの達成に関わりのあるすべての人々の協力が求められている点です。SDGsを達成するためには，各国政府の協力だけでは不十分です。地方自治体などの行政組織だけなく，企業やNPO（Non-Profit Organization：非営利組織），そして一般市民を含めた人々の協力が必要となります。

図表14−1　SDGsの17の目標

1 貧困を なくそう	2 飢餓をゼロに	3 すべての人に 健康と福祉を	4 質の高い教育を みんなに	5 ジェンダー平等 を実現しよう	6 安全な水と トイレを 世界中に
7 エネルギーを みんなに そして クリーンに	8 働きがいも 経済成長も	9 産業と技術革新 の基盤を つくろう	10 人や国の不平等 をなくそう	11 住み続けられる まちづくりを	12 つくる責任 つかう責任
13 気候変動に 具体的な対策を	14 海の豊かさを 守ろう	15 陸の豊かさも 守ろう	16 平和と公正を すべての人に	17 パートナー シップで目標を 達成しよう	

出所：国際連合広報センター「17の目標ごとの説明，事実と数字」

　では，「持続可能な開発」とはどのようなものなのでしょうか？　国連は「持続可能な開発」を，「将来の世代の欲求を満たしつつ，現在の世代の欲求も満足させるような開発」と定義づけています。

　SDGsには法的拘束力はありませんので，取り組まないからといって法的に裁かれることはありません。しかしながら，企業も当事者意識をもって目標達成に取り組むことが社会から期待されています。たとえば，少数民族に強制的に労働させて生産した疑いのある綿製品を使用していた企業は，2021年に国際的な批判を受けました。低価格で綿製品を仕入れることができれば，企業は費用を抑えることができますし，消費者は安い価格で衣服を購入することができます。しかし人権侵害をして利益を出すことは，持続可能な開発の観点からは認められるものではありません。消費者や取引先，投資家から信頼を失ってしまうことは，企業に大きなダメージを与えます。したがって，SDGsに取り組むことは企業にとっても重要な課題となっているのです。

2　企業と社会との関係

(1)　ステークホルダーの定義

　企業活動は，多様な利害関係者に影響を及ぼします。このような利害関係者はステークホルダー（stakeholders）と呼ばれています。フリーマン（Freeman, R. E.）らによれば，ステークホルダーは企業から影響を与えられる集団・個人であると同時に，企業の目的達成に影響を及ぼすことができる集団・個人でもあります。

　谷本［2006］によれば，企業とステークホルダーの関係性を分析する際の視点として，企業活動が与える影響の度合いに注目する**権力アプローチ**と**資源－取引アプローチ**の2つがあります。

　権力アプローチでは，ステークホルダーは，企業の活動によってプラスあるいはマイナスの影響を受ける存在であり，その影響の度合いによって第一次ステークホルダーと第二次ステークホルダーに区分されます（**図表14－2**）。第

図表14－2　権力アプローチ

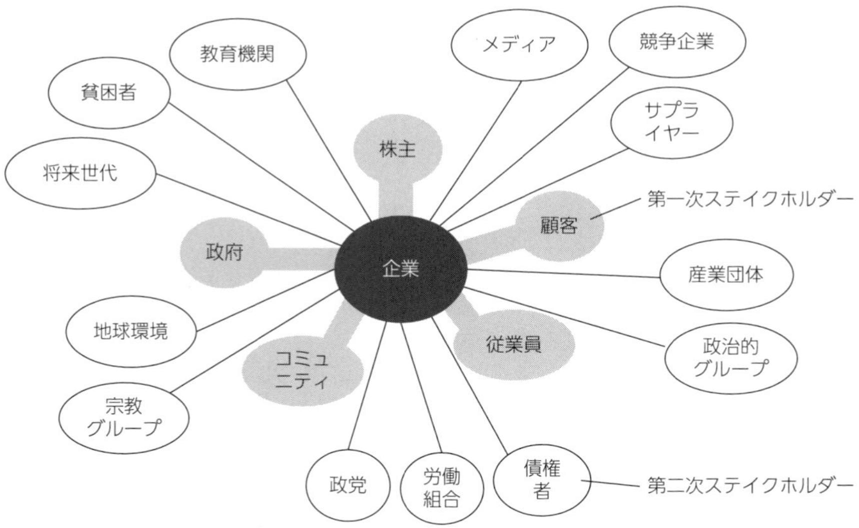

出所：谷本［2006］155頁をもとに筆者作成

一次ステークホルダーとは，企業活動に必要不可欠な集団のことです。従業員や顧客，納入業者，株主などがこれに当たります。第二次ステークホルダーは，企業と第一次ステークホルダーとの間の関係に影響を及ぼすことができる集団のことで，政府や消費者支援団体，メディアなどのことを指します。

　資源−取引アプローチでは，企業とステークホルダーの間の資源の取引関係に着目し，内部ステークホルダーと外部ステークホルダーに区分しています。最も単純な区分では，企業に労働力を提供する従業員と資本を提供する投資家が内部ステークホルダーで，それ以外が外部ステークホルダーとなります。

　しかし，現実には企業内部と外部をこのように単純に区分することは困難です。そこで，市場の取引関係と非市場の取引関係で区分するという見方があります（図表14−3）。市場取引によって資源を交換するステークホルダーは，従業員，株主，サプライヤー，顧客などのことを指し，資源の取引関係に影響を与えるあるいは影響を受けるステークホルダーには，コミュニティ，政府，経済団体，市民団体，メディアなどが含まれます。

　注意すべき点は，企業と各ステークホルダーの関係性の強弱は，企業が置かれている環境（国や地域，資源基盤，産業構造，社会・政治的状況など）に

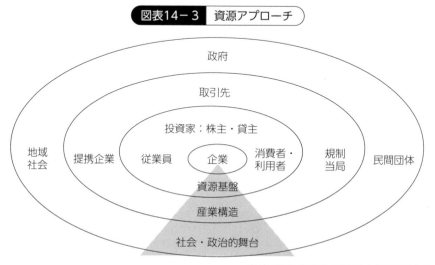

図表14−3　資源アプローチ

出所：谷本［2006］155頁をもとに筆者作成

よって異なるということです。たとえば，政府の規制が強い国や業界では政府や規制当局の影響力が強いですが，規制緩和された業界では投資家や消費者・利用者の影響力がより強くなるかもしれません。したがって，現実には自社の置かれている環境を分析し，自社の企業活動にとって重要なステークホルダーを把握していくことが必要となります。

(2)　企業の社会的責任

　これまで見てきたように，企業は社会と相互に影響し合い，時には社会全体に大きなダメージを与えることもあります。日本では高度経済成長期に公害が生じ，多くの人々が健康被害に苦しむこととなりました。たとえば，水俣病は，新日本窒素水俣工場の工場排水に含まれていたメチル水銀化合物が魚介類を汚染し，その魚介類を食べた地域住民に健康被害をもたらしたという公害です。

　これは，企業活動が地域社会というステークホルダーに影響にマイナスの影響を与えたケースといえます。企業は公害が生じないように環境に対して配慮した生産活動を行う必要がありますし，また問題が生じた場合には，迅速に誠実な対応をしなければなりません。このように，「企業活動のプロセスに社会的公正性や倫理性，環境や人権への配慮を組み込み，ステイクホルダーに対してアカウンタビリティ（説明責任）を果たしていくこと」（谷本［2006］59頁）（括弧内は筆者加筆）を企業の社会的責任（corporate social responsibility：CSR）といいます。

　キャロル（Carroll, A. B.）によれば，CSRは4つの責任から構成されます（図表14－4）。まず，土台となるのが**経済的責任**です。企業は社会における経済主体であり，消費者が必要とする製品やサービスを提供することが基本的な役割となります。次に，**法的責任**，すなわち法律や規則に従って企業活動を行う責任です。そして，**倫理的責任**とは，法律に違反はしていなくても社会の価値観や規範にそぐわない行動を避けたり，ステークホルダーの期待に応えることです。最後に，**慈善的責任**とは，良き企業市民として地域社会やコミュニティの発展に寄与していくことです。慈善的責任を果たさなくても企業は非倫理的であるとはみなされないため，慈善的責任を果たすかどうかは，より企業の自発性に基づくものとなります。

慈善的責任
良き企業市民であれ
コミュニティへの資源貢献
生活の質の改善

倫理的責任
倫理的であれ
正しく，公正なことをする義務
他者に害を与えない

法的責任
法律に従へ
法律は社会の善悪を成分化したもの
ゲームのルールに従ってプレーせよ

経済的責任
収益を上げろ
全ての責任の基礎である

出所：Carroll［1991］p. 42をもとに筆者作成

　企業は自身が果たすべき義務としてCSRを認識するようになっていますが，そのきっかけとなったのは，メディア報道やNGOによって企業の非倫理的な行動が明るみに出るようになったことです。たとえば，ナイキ（Nike）のインドネシア工場の悲惨な状況がアメリカの活動家によって明らかにされると，消費者による大規模な不買運動が起こりました。そのため，CSRが注目された初期の頃は，企業は必ずしも率先してCSR活動に取り組んだわけではなく，リスク回避という受け身の姿勢で取り組む傾向が見られました。

　ポーター（Porter, M. E.）とクラマー（Kramer, M. R.）は，企業は対処すべき社会問題を選別すべきだと主張しました。いかなる企業であれ，すべての社会問題に取り組むことはできません。そのため，さまざまな社会問題を3種類に分類し（**図表14－5**），その企業に与える影響をランクづけることで，その企業にとって重要な社会問題を選び出す必要があります。

　同じ社会問題でも，どの種類に分類されるかは事業内容，産業，事業を行っている地域によって異なります。たとえば，アフリカ大陸でエイズが蔓延しているという社会問題は，小売業にとっては「一般的な社会問題」ですが，製薬会社にとっては「バリューチェーンの社会的影響」です。また，現地の従業員

図表14-5　社会問題の分類

一般的な社会問題	バリューチェーンの社会的影響	競争環境の社会的側面
社会的には重要でも，事業活動からは大きな影響を受けることはなく，企業の長期的な競争力に影響を及ぼすこともない社会問題	通常の事業活動によって，少なからぬ影響を被る社会問題	外部環境要因のうち，事業展開する国での競争力に大きな影響を及ぼす社会問題

出所：ポーター＆クラマー［2008］46頁

を雇っている鉱山会社にとっては「競争環境の社会的側面」となります。

　社会問題を分類し，優先順位をつけることによって，企業は具体的かつ積極的なCSR活動を計画することが可能になります。企業の経営資源も限りがあるため，社会に大きな影響をもたらし，事業を大きく成長させる可能性のあるCSR活動に経営資源の多くを振り分けることが重要です。

3　共通価値の創造

⑴　CSV

　ポーターらはCSRの考え方をさらに発展させ，事業活動と社会を再び結びつけるために，**共通価値の創造**（creating shared value：CSV）の原則が重要であると主張しています。共通価値の創造とは，「社会のニーズや問題に取り組むことで社会的価値を創造し，その結果，経済的価値が創造されるというアプローチ」（ポーター＆クラマー［2011］）のことです。

　彼らは共通価値を創造するための３つのアプローチを指摘しています（**図表14-6**）。それは，①製品と市場を見直す，②バリューチェーンの生産性を再定義する，③企業が拠点を置く地域を支援する産業クラスターをつくる，というアプローチです。たとえばトヨタのプリウスは，低燃費の環境配慮型商品としての評判を確立させ，成功を収めました。これは，第１のアプローチである

図表14－6　CSVの３つのアプローチ

"企業価値と社会価値を両立する"CSVの３つのアプローチ	1．製品と市場を見直す(製品・サービスのCSV)	社会問題・環境問題を事業機会ととらえ，自社の製品・サービスで如何に問題を解決するかの探索を通じた新規事業創発・推進 代表例：GEのエコマジネーション，トヨタのプリウス，各種BOPビジネス
	2．バリューチェーンの生産性を再定義する(バリューチェーンのCSV)	効率化を通じたコスト削減，サプライヤー育成を通じた高品質原料の安定供給など，バリューチェーンを（新たな視点で）最適化しつつ社会・環境問題を解決 代表例：流通業による輸送ルート最適化を通じた環境負荷軽減，食品企業による原料農家育成
	3．企業が拠点を置く地域を支援する産業クラスターをつくる(競争基盤/クラスターのCSV)	事業展開地域における人材，周辺産業，輸送インフラ，市場の透明性などを自ら強化することを通じ，地域に貢献しつつ，自社の競争力を向上 代表例：IT企業による地域の教育支援を通じたIT人材という競争基盤の強化

出所：赤池・水上［2013］13頁をもとに筆者作成

「製品と市場を見直す」にあたり，環境問題を事業機会として捉えたことで生み出された製品であるといえます。プリウスは社会的価値だけでなく，環境配慮型自動車の先進的な技術を持つ企業としてのトヨタの地位を確立させ，企業価値も向上させました。

⑵　コレクティブ・インパクト

　これまで，１つの企業が社会的課題に取り組むことの重要性を述べてきました。しかし，社会問題の中には単独あるいは少数の組織で解決可能なものもあれば，問題が複雑で対応策がわからず，その解決には多種多様なプレイヤーの協力が必要なものも存在します。カニア（Kania, J.）とクラマー（Kramer, M.）は，そのような複雑な問題を解決するためのアプローチとして，**コレクティブ・インパクト**という概念を提唱しました。

　コレクティブ・インパクトとは，「異なるセクターから集まった重要なプレイヤーたちのグループが，特定の社会課題の解決のために，共通のアジェンダに対して行うコミットメント」（カニア＆クラマー［2021］）のことです。つまり，複数の組織や個人が共通の目標に向かって協働することを意味します。

第14章　共通価値の創造

201

たとえば，M&M'Sやスニッカーズなどのチョコレートブランドを展開する菓子メーカーのマース（Mars）は，カカオの主な調達先であるコートジボワールのカカオ農家の生活改善に取り組んでいます。農法の改善やカカオ株の改良によって収量が増加すれば農家収入が劇的に増加し，マースのサプライチェーンのサステナビリティが改善される可能性があるため，これはCSVを生み出している例だといえます。しかし，この成果はマース単独では生み出すことはできません。政府や世界銀行，NGO，同業他社といった多種多様なプレイヤーと協力することが必要なのです。

　カニア＆クラマーによれば，コレクティブ・インパクトは，中心となるインフラストラクチャと専従のスタッフを抱えている点で従来のコラボレーションと大きく異なっています。そして，コレクティブ・インパクトが成功するためには，共通のアジェンダ，共通の測定システム，継続的なコミュニケーションと，すべての参加者による相互に補強し合う取り組みをもたらすような，構造化されたプロセスが必要となります（図表14−7参照）。

　これまでも，複数の組織が協力して社会的課題の解決に取り組んできましたが，多くの場合，十分な成果を出すことはできませんでした。グローバル化の進展に伴い，解決策がわからなかったり，わかっていても解決のための施策を実行したりすることが難しい社会的課題が増えている今日においては，共通の目標に対して多種多様なプレイヤーが協力していくことがますます求められていくでしょう。

図表14−7　コラボレーションの種類

資金提供者のコラボレーション

　同じ課題解決を支援することに関心を持ち，共同でリソースを拠出する資金提供者のグループ。一般に，参加者がエビデンスに基づく包括的なアクションプランや共通の測定システムを導入することはなく，資金の供出を決めた当初の対象以外の活動や，他のセクターの関係者への働きかけも行わない。

官民パートナーシップ

　特定のサービスや便益を実現するために，政府と民間セクターの組織の間で形成されるパートナーシップ。狭い目標（ある１つの疾病の治療のために，特定の医薬品を開発するなど）を掲げることが多く，通常はその問題に関わる関係者全体（その薬品候補の流通システムなど）を巻き込むことはない。

マルチステークホルダー

　共通のテーマに関わる，異なるセクターの関係者による自発的な活動。この種の取り組みの典型例では，各活動の連携をしっかり進めたり結果の説明責任を果たしたりするための，共通のインパクト測定システムやサポートを行うインフラが欠けている。

ソーシャルセクターのネットワーク

　公式/非公式を問わず，目的意識に基づいて緩やかにつながった個人や組織のグループ。コラボレーションは基本的に即興的であり，多くの場合，持続的で構造的な取り組みというよりも，情報共有や目標を絞った短期的アクションに力点を置く。

コレクティブ・インパクト

　異なるセクターの重要プレイヤーで構成されるグループによる，特定の社会課題の解決に向けた共通のアジェンダへの長期的コミットメント。その行動の基盤には共通の測定システム，相互に補強し合う取り組み，継続的なコミュニケーションがあり，独立したバックボーン組織のスタッフが支援している。

出所：カニア＆クラマー［2021］171頁をもとに筆者作成

　企業が社会で果たすべき役割を考える上で，「企業は誰のものか」について考えることは重要です。この問いには，2つの答えがあります。1つは「企業は株主のものである」です。株主は企業の所有者であり，最高意思決定権を有する存在です。企業の経営者は，事業活動を通じてより多くの利益を生み出し，株主価値を最大化させることを目指します。もう1つは，本章で説明してきたように「企業はステークホルダーのものである」です。企業は，株主価値の最大化だけでなく，従業員や地域コミュニティ，環境，将来世代といったさまざまなステークホルダーに配慮して事業活動を行う必要があります。

　企業が従業員や環境に配慮して事業活動を行ったり，本業とは別の分野で社会貢献活動を行ったりすることは，株主価値の向上にもつながります。そのような活動を行い，適切に非財務情報を開示している企業は，非財務情報を重視して投資先を選んでいる投資家にとって魅力的な存在になり得ます。その結果，企業の株主価値が向上し，投資資金へのアクセスが容易になるという好循環が生まれるのです。なお，代表的な非財務情報はESG情報と呼ばれるもので，environment（環境），society（社会），governance（統治）の3つの用語の頭文字をとった略称です。

　このように企業のCSR活動は，企業が事業活動を行うプロセスにポジティブな影響を与えるため，規模の大小を問わず，多くの企業が取り組むべき活動になっています。その一方で，SDGsウォッシュといった問題も生じています。これは，SDGsに配慮したように見せかけることで，実態はそうではないのに消費者を誤解させることを意味します。たとえば，みずほ銀行は国内では二酸化炭素削減の目標を掲げていた一方で，海外では二酸化炭素を多く排出する石炭産業へ融資しているとして強い非難を受けました。こうした出来事はステークホルダーからの信頼を低下させ，株価下落や新規株主の減少といった悪影響をもたらす可能性があります。株主価値の最大化と資金源の獲得という意味でも，適切に社会的責任を果たしていくことが企業に求められています。

📖 参考文献

- Carroll, A. B. [1991] The Pyramid of Corporate Social Responsibility: Toward the Moral Management of Organizational Stakeholders, *Business Horizons*, 34(4), pp. 39-48.
- Freeman, R. E., Harrison, J. S., & Wicks, A. C. [2007] *Managing for Stakeholders: Survival, Reputation, and Success*, Yale University Press.（中村瑞穂他訳『利害関係者志向の経営：存続・世評・成功』白桃書房，2010年）
- Kania, J. & Kramer, M. [2011] Collective Impact, *Stanford Social Innovation Review*,（Winter 2011），pp. 36-41.（友納仁子訳「コレクティブ・インパクト」『これからの「社会の変え方」を，探しにいこう。：スタンフォード・ソーシャルイノベーション・レビュー　ベストセレクション10』英治出版，166-178頁，2021年）
- Porter, M. E. & Kramer, M. R. [2006] Strategy and Society: The Link between Competitive Advantage and Corporate Social Responsibility, *Harvard Business Review*, 84(12), pp. 78-92.（村井裕訳「競争優位のCSR戦略」『DIAMONDハーバード・ビジネス・レビュー』1月号，36-52頁，2008年）
- Porter, M. E. & Kramer, M. R. [2011] Creating Shared Value, *Harvard Business Review*, 89(1-2), pp. 63-77.（編集部訳「共通価値の戦略」『DIAMONDハーバード・ビジネス・レビュー』6月号，8-31頁，2011年）
- 赤池学・水上武彦 [2013]『CSV経営：社会的課題の解決と事業を両立する』NTT出版。
- 谷本寛治 [2006]『CSR：企業と社会を考える』NTT出版。

🔍 参考ウェブサイト

- 国際連合広報センター「持続可能な開発」https://www.unic.or.jp/activities/economic_social_development/sustainable_development/（最終閲覧日：2023年11月7日）
- 国際連合広報センター「SDGs：よくある質問」https://www.unic.or.jp/news_press/features_backgrounders/17471/（最終閲覧日：2023年11月7日）

索　引

英字

IO型競争 ································ 71

LBO ································ 131

M&A ································ 117

MBO ································ 125

New 7S's ································ 79

SCPパラダイム ···················· 30

SDGs ································ 193

SECIモデル ························· 67

TOB ································ 122

VRIOフレームワーク ··········· 53

あ行

アーキテクチャ ···················· 156

アーキテクチュラル・イノベーション

································ 156

アウトソーシング ················· 89

暗黙知 ································ 67

一時的競争優位 ···················· 79

移動障壁 ································ 36

イノベーション ···················· 149

イノベーションのジレンマ ······ 157

イノベーションの普及モデル ···· 151

売り手の交渉力 ···················· 31

オーディナリー・ケイパビリティ ··· 63

オープン・イノベーション ······ 169

オープン化 ························· 172

オープン・クローズ戦略 ········· 172

か行

買い手の交渉力 ···················· 31

外部化 ································ 89

拡散型多角化 ························· 105

価値連鎖分析 ························· 40

活動システム・マップ ··········· 41

合併 ································ 121

活用 ································ 174

カネ ································ 50

金のなる木 ························· 110

株式交換・移転 ···················· 122

株式取得 ································ 122

株式譲渡 ································ 122

関係ケイパビリティ ·············· 140

関係的レント ························· 141

関係特殊資産 ························· 141

感知 ································ 64

キーストーン ························· 187

キーストーン戦略 ················· 189

企業ドメイン ························· 22

企業の社会的責任 ················· 198

既存競争業者間の敵対関係の強さ ··· 30

規模の経済 ························· 114

吸収合併 ································ 121

吸収能力 ································ 140

吸収分割 ································ 123

急進的イノベーション ··········· 152

競争均衡 ································ 53

競争地位別戦略 ···················· 43

競争優位 ························· 40, 51

競争劣位 ································ 53

共通価値の創造 ···················· 200

共特化の原理 ························· 136

業務・資本提携 ···················· 135

業務提携 ································ 135

クラウン・ジュエル ·············· 126

クローズ化 ………………………… 172
クローズド・イノベーション ………… 169
経営資源 …………………………… 48
経営戦略 ……………………………… 1
計画的戦略 ………………………… 17
経験曲線 …………………………… 109
経済的責任 ………………………… 198
形式知 ……………………………… 67
系列 ………………………………… 95
健全性 ……………………………… 188
権力アプローチ …………………… 196
堅牢性 ……………………………… 188
コア・コンピタンス ……………… 60
コア・リジディティ ……………… 62
構造の両利き ……………………… 175
後方統合 …………………………… 89
ゴールデン・シェア ……………… 125
ゴールデン・パラシュート ……… 125
コスト・リーダーシップ戦略 …… 37, 52
コレクティブ・インパクト ……… 201
混合型提携 ………………………… 136

さ行

サプライチェーン ………………… 88
サプライチェーン・マネジメント …… 91
差別化戦略 ………………………… 37, 51
残留不確実性 ……………………… 76
事業譲渡 …………………………… 123
事業戦略 …………………………… 20, 21
事業ドメイン ……………………… 22
事業部制組織 ……………………… 106
資源－取引アプローチ …………… 196
資産特殊性 ………………………… 98
市場拡大戦略 ……………………… 104
市場浸透戦略 ……………………… 103
慈善的責任 ………………………… 198

持続可能性 ………………………… 193
持続的イノベーション …………… 154
シナジー …………………………… 20
シナジー効果 ……………………… 102
シャーク・リペラント …………… 125
集成型多角化 ……………………… 106
集中型多角化 ……………………… 106
集中戦略 …………………………… 37
集約型多角化 ……………………… 105
シュンペーター型競争 …………… 72
ジョイント・ベンチャー ………… 135
情報 ………………………………… 50
職能別戦略 ………………………… 20, 21
職能別組織 ………………………… 106
新規参入の脅威 …………………… 30
新市場型破壊 ……………………… 158
新製品開発戦略 …………………… 104
新設合併 …………………………… 121
新設分割 …………………………… 123
垂直型多角化 ……………………… 106
垂直統合 …………………………… 89
水平型多角化 ……………………… 106
スタック・イン・ザ・ミドル …… 38
ステークホルダー ………………… 196
成功の罠 …………………………… 174
生産シナジー ……………………… 102
生産性 ……………………………… 188
成長ベクトル ……………………… 103
製品ライフサイクル ……………… 107
全社戦略 …………………………… 20, 21
漸進的イノベーション …………… 153
前方統合 …………………………… 89
専門化 ……………………………… 5
戦略キャンバス …………………… 166
戦略グループ ……………………… 35
戦略スタンス ……………………… 77

戦略的提携 ································ 134
戦略的ポジション ························ 41
戦略分析プロセス ························ 74
創発的戦略 ······························· 17
組織構造 ································· 106
組織能力 ·································· 59

た行

第三者割当増資 ························ 122
対称的提携 ····························· 136
代替製品・サービスの脅威 ············· 30
ダイナミック・ケイパビリティ ········ 63
多角化 ·································· 102
多角化戦略 ····························· 105
探索 ···································· 174
チェンバレン型競争 ···················· 71
逐次的両利き ·························· 175
知識共有ルーティン ··················· 141
チャレンジャー ························· 43
中間組織 ································· 93
提携 ······························· 117, 133
提携経営機能 ·························· 139
敵対的M&A ···························· 124
デファクト・スタンダード ············· 151
デュー・ディリジェンス ··············· 127
投資シナジー ·························· 102
ドメイン ································· 22
取引コスト ······························ 97
取引コスト経済学 ······················ 97

な行

内部化 ··································· 89
ニッチ ·································· 188
ニッチ創出 ····························· 189
ニッチャー ······························ 43
ネットワーク外部性 ··················· 151

能率 ····································· 18

は行

パートナー特殊的な吸収能力 ·········· 142
パーパス ·································· 8
買収 ···································· 122
ハイパーコンペティション ············· 79
ハイブリッド ··························· 93
破壊的イノベーション ················· 155
パックマン・ディフェンス ············· 125
花形 ···································· 110
バリュー・イノベーション ············· 166
範囲の経済 ····························· 135
販売シナジー ·························· 102
ビジネス・エコシステム ··············· 181
ビジネス・スクリーン ················· 111
ビジョン ·································· 8
非対称的提携 ·························· 136
ヒト ····································· 49
頻度 ····································· 98
ファイブ・フォース分析 ··············· 29
フォロワー ······························ 43
不確実性 ································· 98
プラットフォーム・リーダー ·········· 187
ブランド・シナジー ··················· 102
ブルー・オーシャン ··················· 165
ブルー・オーシャン戦略 ··············· 164
プロダクト・ポートフォリオ・マネジメン
ト ··································· 108
分割（会社分割） ····················· 123
文脈的両利き ·························· 175
変容 ····································· 64
法的責任 ································ 198
捕捉 ····································· 64
ホワイト・スクワイア ················· 125
ホワイト・ナイト ····················· 125

ま行

マーケティング近視眼 ················· 23
負け犬 ··· 110
マネジメント・シナジー ········· 102
ミッション ······································· 8
3つの基本戦略 ···························· 37
無形資産 ·· 48
モジュール ··································· 156
モジュラー・イノベーション ··· 156
モノ ·· 50
問題児 ··· 110

や行

有形資産 ·· 48
有効性 ·· 18
友好的M&A ································· 124

ら行

ライツ・プラン ···························· 125
リーダー ··· 43
リソース・ベースト・ビュー ······ 48
両利きの組織 ······························· 175
倫理的責任 ··································· 198
レッド・オーシャン ···················· 164
ローエンド型破壊 ························ 158

■執筆者一覧（執筆順）

真木　圭亮	九州産業大学准教授	第1・13章
横尾　陽道	千葉大学教授	第2章
角田　光弘	拓殖大学教授	第3章
佐々木博之	山梨大学准教授	第4章
黄　　雅雯	北星学園大学准教授	第5章
今野　喜文	北海学園大学教授	第6・9章
橋本　倫明	東京都市大学准教授	第7章
伊藤　泰生	千葉商科大学准教授	第8章
永野　寛子	立正大学教授	第10章
和田　剛明	福岡大学准教授	第11章
平野　貴士	武蔵野大学講師	第12章
松野奈都子	日本大学准教授	第14章

■編著者紹介

今野　喜文（こんの　よしふみ）
北海学園大学経営学部教授
北海道出身。慶應義塾大学商学部卒業，慶應義塾大学大学院商学研究科博士後期課程単位取得退学。専門は競争戦略，イノベーション。経営戦略学会理事。

真木　圭亮（まき　けいすけ）
九州産業大学地域共創学部准教授
神奈川県出身。早稲田大学商学部卒業，早稲田大学大学院商学研究科博士後期課程単位取得退学。専門はビジネスシステム，マネジメント・ファッション。経営戦略学会理事。

経営戦略集中講義

2024年4月25日　第1版第1刷発行

編著者　今　野　喜　文
　　　　真　木　圭　亮
発行者　山　本　　　継
発行所　㈱中　央　経　済　社
発売元　㈱中央経済グループ
　　　　パ　ブ　リ　ッ　シ　ン　グ

〒101-0051　東京都千代田区神田神保町1-35
電話　03 (3293) 3371(編集代表)
　　　03 (3293) 3381(営業代表)
https://www.chuokeizai.co.jp
印刷／㈱堀内印刷所
製本／㈲井上製本所

© 2024
Printed in Japan

ベーシック＋プラス
Basic Plus

Let's START!

学びにプラス！
成長にプラス！
ベーシック＋で
はじめよう！

いま新しい時代を切り開く基礎力と応用力を兼ね備えた人材が求められています。

このシリーズは，各学問分野の基本的な知識や標準的な考え方を学ぶことにプラスして，一人ひとりが主体的に思考し，行動できるような「学び」をサポートしています。

教員向けサポート
も充実！

ベーシック＋専用HP

中央経済社